CHANSONS

ET

POÉSIES DIVERSES

IMPRIMERIE ET FONDERIE DE J. PINARD,

RUE D'ANJOU-DAUPHINE, N° 8.

CHANSONS

ET

POÉSIES DIVERSES

PAR M. A. DÉSAUGIERS.

TOME TROISIÈME.

SIXIÈME ÉDITION,

CONSIDÉRABLEMENT AUGMENTÉE.

A PARIS,

CHEZ LADVOCAT,
LIBRAIRE DE S. A. R. LE DUC DE CHARTRES,
QUAI VOLTAIRE ET PALAIS-ROYAL.

M DCCC XXVII.

CHANSONS

ET

Poésies Diverses.

CADET BUTEUX

AU BOULEVARD DU TEMPLE.

La seul' prom'nade qu'a du prix,
La seule dont je suis épris,
La seule où j' m'en donne, où je ris,
C'est l' boul'vard du Temple, à Paris.

Ce boul'vard est vraiment l'unique
Pour piquer la curiosité...
On y voit l'Ambigu-Comique
Qu'est à côté de la Gaîté.
La seul' prom'nade qu'a du prix,
La seule dont je suis épris,
La seule où j' m'en donne, où je ris,
C'est l' boul'vard du Temple, à Paris

Y a l' spectacle d' mamsell' Rose,
Qui, sans jamais s' donner d'efforts,
Moyennant queuq' sous (c' qu'est peu d' chose)
Fait tout c' que l'on veut de son corps.
La seul' prom'nade qu'a du prix,
La seule dont je suis épris,
La seule où j' m'en donne, où je ris,
C'est l' boul'vard du Temple, à Paris.

On y voit sur un p'tit théâtre
Un' fill', qui du pied brode, écrit...
Plus loin la passion d' Cléopâtre
A côté d' celle d' Jésus-Christ.
La seul' prom'nade qu'a du prix,
La seule dont je suis épris,

La seule où j' m'en donne, où je ris,
C'est l' boul'vard du Temple, à Paris.

L' café d'Apollon nous r'présente
Des pièc' où, pour doubler l'effet,
C' n'est *qu'à deux* qu'on parle et qu'on chante:
Ah jarni! queu *trio* ça fait!
La seul' prom'nade qu'a du prix,
La seule dont je suis épris,
La seule où j' m'en donne, où je ris,
C'est l' boul'vard du Temple, à Paris.

L' café d'Apollon est tout contre
Une espéce de p'tit salon,
Où l'univers, que l'on y montre,
A trois pieds d' large et deux pieds d' long.
La seul' prom'nade qu'a du prix,
La seule dont je suis épris,
La seule où j' m'en donne, où je ris,
C'est l' boul'vard du Temple, à Paris.

A droite, j' voyons l's Irzabelles
Avec leurs Gilles se qu'reller;

A gauch', pour les yeux de leurs belles,
J' voyons les Paillasses brûler.
La seul' prom'nade qu'a du prix,
La seule dont je suis épris,
La seule où j' m'en donne, où je ris,
C'est l' boul'vard du Temple, à Paris.

L' café Turc est l' jardin des grâces...
Aussi vient-on, après le r'pas,
Y prend' café, liqueurs ou glaces,
Ou punch, ou... qu'est-c' qu'on n'y prend pas?
La seul' prom'nade qu'a du prix,
La seule dont je suis épris,
La seule où j' m'en donne, où je ris,
C'est l' boul'vard du Temple, à Paris.

Du Marais les mamans tout' fières
Y mèn' leurs fill's au cou tendu,
Dont la pudeur baiss' les paupières,
Et dont l'empois enfle l' fichu.
La seul' prom'nade qu'a du prix,
La seule dont je suis épris,
La seule où j' m'en donne, où je ris,
C'est l' boul'vard du Temple, à Paris.

Chaqu' jour, pour queuq' nouveaux ménages,
L' *Cadran-Bleu* sonn' l'heure du bal ;
Mais j' crois qu' s'il fait ben des mariages,
Il n'en défait aussi pas mal.
La seul' prom'nade qu'a du prix,
La seule dont je suis épris,
La seule où j' m'en donne, où je ris,
C'est l' boul'vard du Temple, à Paris.

Viens-t'en, m' dit l'aut' soir un' petite,
Qui d' l'œil semblait me provoquer ;
L'affair' d'un moment, et j' te quitte ;
J'ai queuqu' chose à t' communiquer...
La seul' prom'nade qu'a du prix,
La seule dont je suis épris,
La seule où j' m'en donne, où je ris,
C'est l' boul'vard du Temple, à Paris.

D' *Curtivs* voyez le factionnaire,
Comme il regarde l' monde en d'sous !
Si j' l'échauffons, dans sa colère,
Il est homme à fondre sur nous.
La seul' prom'nade qu'a du prix,
La seule dont je suis épris,

La seule où j' m'en donne, où je ris,
C'est l' boul'vard du Temple, à Paris.

Qu'est-c' donc qu'j'entends? c'est d'la musique.
V'là tous les dindons du quartier
Qui s' pressent, s' foulent; mais bernique…
Ils ont beau faire, j' suis l' premier.
La seul' prom'nade qu'a du prix,
La seule dont je suis épris,
La seule où j' m'en donne, où je ris,
C'est l' boul'vard du Temple, à Paris.

« D' mon Barbaro v'nez voir l'adresse;
« V'nez voir l'esprit d' mon p'tit ànon;
« V'nez voir mon lapin batt' la caisse;
« V'nez voir mon s'rin tirer l' canon. »
La seul' prom'nade qu'a du prix,
La seule dont je suis épris,
La seule où j' m'en donne, où je ris,
C'est l' boul'vard du Temple, à Paris.

Et la trompette qui résonne,
L'ivrogn' qui jur', l' tambour qui bat,

Les chiens qui jou'nt, la cloch' qui sonne
Et moi, d' crier pendant c' sabbat :
La seul' prom'nade qu'a du prix,
La seule dont je suis épris,
La seule où j' m'en donne, où je ris,
C'est l' boul'vard du Temple, à Paris.

Mais tandis qu' pour voir tant d' bamboches,
Je m' tords l' jarret, les yeux et l' cou,
Me v'là, quand j' fouillons dans mes poches,
Sans mouchoir, sans montre et sans l' sou.
La seul' prom'nade qu'a du prix,
La seule dont je suis épris,
La seule où j' m'en donne, où je ris,
C'est l' boul'vard du Temple, à Paris.

CADET BUTEUX

DE LA REPRÉSENTATION

DES DANAÏDES.

———

D'MANDEZ - MOI donc un peu où
c'qu'est allé c'flancux d'Cadet?
« c'qu'il peut fichumacer à l'heure qu'il est, et
« quand il r'vien'ra? Gageons qu'il est avec
« queuques effrontées du Gros-Caillou ou
« queuq' godailleux comm' lui, tandis que j'
« sommes depuis deux heures, avec c't'enfant
« sur les bras, à croquer le marmot d'vant c'te
« table, et que j'pourrais aussi ben qu'lui fair'
« tout' aut' chose... Eh ben, non : ces chiens
« d'hommes! je n'sais pas à quoi ça tient,
« mais pus y vous en font, pus on les aime.

« Ah ! qu'la commèr' Bonbec avait ben raison
« avant z'hier, quand ell' m'disait, en .écu-
« mant son pot : « Les maris, voisine ? n'm'en
« parlez pas : j'en ai tâté pendant quarant'-
« sept ans, et j'sais c'qu'en vaut l'aune... Les
« pieds leux brûlent à la maison, on n'peut
« pas en jouir ; et quand un' fois ils sont
« sortis, c'est l'diable pour les faire rentrer. »
« Il paraît que l'mari d'la mère Bonbec était
« juste l'pendant d'mon Cadet..... Voyez un
« peu s'il r'vien'ra !..... Mais, Dieu m'par-
« donne, v'là minuit z'au coucou..... Ah !
« pauv' Javotte ! pauv' Javotte ! » *Tel était
le sentimental monologue de madame Cadet
Buteux, quand une odeur de pipe lui annonça
enfin l'arrivée de Cadet, qui ouvrit la porte,
en s'écriant tout essoufflé :*

Air : **Du curé de Pompone.**

A la fin me v'là donc r'venu
   De c'te diable d' bouch'rie !
Aux abattoirs jamais j' n'ons vu
   Un' semblab'e tuerie...
L' gentil exemple qu' l'Opéra

Donne aux jeun' femm' timides!
Ha!
Il m'en souviendra,
Larira,
D' leux chiennes d' Danaïdes!

Air : Encore un quart'ron, Claudine

Va, jusqu'à tems qu' mon ame
Soit r'mise d' son effroi,
Quoiqu' l'hymen me réclame,
Pas d' danger, jarnigoi!
Que j' couche avec toi,
Ma femme,
Que j' couche avec toi.

Air : Je n' saurais danser.

T'auras beau pleurer,
T' lamenter comme un' Mad'leine,
T'auras beau pleurer,
T' lamenter, t' désespérer,
Faudra t'en sevrer;
C' n'est pas qu' je n' sachions qu' t'es pleine
D'amour et d' vartu...
Mais cach' moi c't eustach' pointu;

Air des Fraises

Cach'-le, queu mal ça t' fait-il :
  Sans pein' tu pourras croire
Que d' ces couteaux j' n'aim' pas l' fil .
Quand j' vas t'avoir mise au fil
      De l'histoire. (*Trois fois.*)

Air : V'là c' que c'est que d'aller au bois

Danaüs est frèr' d'Égyptus,
Comme Égyptus l'est d' Danaüs.
Danaüs était roi d' la Grèce ;
    Mais sans qu' ça paraisse,
    Son frère eut l'adresse
D' le découronner un beau jour,
Disant : « Faut qu' chacun ait son tour. »

Air : Cadet Roussel est bon enfant.

Égyptus a cinquante fils (*bis.*)
Ben doux, ben sages, ben gentils ; (*bis.*)
Danaüs a cinquante filles
Ben douc', ben sages, ben gentilles...
    Ah ! ah ! trouvez maint'nant
Des pères qu'en fassiont autant.

Air : *Une fille est un oiseau.*

Un beau matin Danaüs,
Qu'est rancuneux comm' personne,
S' dit tout bas : Faut (Dieu m' pardonne !)
Que j' mett' dedans Égyptus.
« J'ai, lui dit-il, cinquant' filles ;
« Toi, t'as cinquante bons drilles :
« Eh ben ! marions nos familles. »
— « Si tu l' veux, dit l'autre, soit... »
Cinquant' mariag' d'une haleine,
C'était un' jolie aubaine
Pour la paroisse d' l'endroit. (*Quatre fois.*)

Air de la Croisée.

Les bans n' tard' pas à s' publier :
V'là tout' la ville en réjouissance ;
Et c'est au moment d' les marier
Qu' la pièc' des Danaïd' commence.
On voit la toile se lever
Pour la grande carimonie...
Et tout l' mond' s'accorde à trouver
    L'ouverture jolie.

Air du vaudeville du Sorcier.

D' chanteux, d' danseux, d' garçons et d' filles,
Jarni ! comme l' théâtre est plein !
C'est les mariés, c'est leux familles,
L's amis, l' curé, l' diable et son train.
Mais qu'est-c' que c'est donc que c't' espèce
D' cass'role ou d' chaudron étamé
    Qu'on apporte allumé,
        Enflammé?...
Il paraît qu'aut'fois dans la Grèce,
On se mariait sur un réchaud...
        C'était plus chaud. (*Quatre fois.*)

Air : C'est un enfant.

Mais c'est mad'moiselle Hypermnestre
Qu' faut voir ou plutôt écouter :
Y a des momens où c'que l'orchestre
Pour l'entendre est près d' s'arrêter.
        Elle est la fiancée
        De monsieur Lyncée,
Qu' son amour n'a pas trop maigri...
Comm' c'est nourri ! comm' c'est nourri !

AIR : Gai, gai, mariez-vous.

« Gai, gai, mariez-vous,
  « Plus de guerre,
  « Dit le père ;
« Gai, gai, mariez-vous
« Et qu' la paix soit avec nous.
« Mais l'av'nir est incertain ;
« Or, drès c' soir, sans plus attendre,
« Jouissez, dit-il à chaq' gendre,
« P't'êtr' vous n' vivrez plus demain.
  « Gai, gai, mariez-vous,
    « Plus de guerre
    « D' frère à frère,
  « Gai, gai, mariez-vous,
« Et qu' la paix soit avec nous. »

AIR : Au clair de la Lune.

Là d'sus des pirouettes,
J' dis, à tour de bras...
C'est comm' des girouettes
Qui n' s'arrêtont pas ;
Ils tournont d' manière,
Filles et garçons,
Qu'on jur'rait, ma chère,
D' toupi's et d' tontons.

Air : Jeunes Filles, jeunes Garçons.

L' bal finit, et v'là qu' subito
L' machiniss', pour changer l' théâtre, (*bis.*)
Lâche un coup d' chifflet gros comm' quatre :
J'ons vu l'heure où l'y avait d' l'écho.
  J'allions nous-même' en brave
  C'mencer l'hostilité...
  C'tapendant j' patientai,
  Quand je m' vis transporté
    Dans un' cave. (*bis.*)

Air : A la Papa.

L' pèr' Danaüs, à pas d' loups,
Vient suivi d' ses cinquant' filles,
A qui, pour un coup de d'sous,
Il a donné rendez-vous,
  Sans leux époux ;
  Et quand ell' sont là,
  « Si vous êt' ben gentilles,
  Leur dit-y comm' ça,
  « Vous f'rez tout c' qui plaira
    « A vot' papa,
  « A, à, à vot' papa... (*bis.*)

Air : Mes chers enfans, unissez-vous.

« Vous savez ou vous n' savez pas
  « Tous les tours qu' m'a faits vot' biau-père...
« J'veux m'en venger et pour ça dans c't'affaire,
« Mes p'tits agneaux, j'ai compté sur vos bras.
   « Moquez-vous d' la foi conjugale,
    « Tuez tous vos maris ce soir,
« Et vous aurez rempli l' sacré devoir
    « De la piété filiale.

Air : Pomm' de reinettes et pomm' d'api.

   — « Tuer nos époux !
     « Y pensez-vous?
« Le mèm' jour ètre femme et veuve !
    « Tuer nos époux !
    « Y pensez-vous,
    « Y a là de quoi nous
    « Faire pendre tous.
    — « Il m' faut c'te preuve
    « D' votre attach'ment...
    — « Ça s'rait vraiment
« Un' nuit d' noce assez neuve...
    — « Neuve ou pas neuve,
    « J' l' veux comm' ça.
    — « Mais, mon papa...

— « Paix là,
« N'y a pas d' papa.
« Si vous n'osez,
« Si vous r'fusez,
« L'un d'eux doit m' faire
« C'te nuit mon affaire...
— « Quel est c' vaurien?
— « Je n'en sais rien;
« Prév'nez ses coups
« En jurant d' les tuer tous...
   — « Oui, nous l' jurons,
   « Nous les tuerons,
    « C'est, j'espère,
   « Donner à not' père
« Un' fière preuve d'affection,
   « D' soumission
« Et d' bonne éducation.

Air : Et zic et zic et zoc.

— « Tenez, tenez, prenez,
« V'là des couteaux.—Donnez, donnez...
« Vous s'rez content d' nous, et d'main
« Pas plus d' maris qu' sur ma main. » (*bis.*)
Là d'sus le papa leur chante :
« Que ç'te fermeté m'enchante !
« Qu'on n'aill' pas la perdre au lit !

« Pas d' faiblesses criminelles...
« Malheur à vous, mesd'moiselles,
« Si d'vant eux ça s'amollit !...
       « Tenez, tenez, prenez...
« V'là des couteaux. — Donnez, donnez...
« Vous s'rez content d' nous et demain $\Big\}$ *bis.*
« Pas plus d' maris qu' sur la main. »

Air   La bonne aventure.

C' biau sarment un' fois prèté,
       V'là z'un air d'orchestre,
Sur quoi valsant d' tout côté,
Ell's disparaiss't, excepté
       La triste Hypermnestre,
              O gué,
       La triste Hypermnestre.

Air : Ah ! qu'il est drôle !

— Quoi ! vous n' suivez donc pas vos sœurs ?
       — Prends gard' de l' perdre.
— Vous n' partagez pas leurs fureurs ?
       — Prends gard' de l' perdre.
— Étouffez un' coupable ardeur...
« Empoignez-moi c' couteau vengeur.
       — « C' couteau ? prends gard' de l' perdre.

« Mon père, il y va d' mon bonheur
  «Et d' mon… —Prends gard' de l' perdre!»

AIR : Malgré la bataille.

Là-d'sus grand tapage…
La fill' tombe à g'noux…
L' papa, dans sa rage,
Lui dit : « R'levez-vous,
« Vous m'êt's étrangère; »
Et dans un instant,
V'là z'une fill' sans père,
Comme on en voit tant.

AIR : Chacun avec moi l'avoûra.

L' théâtre change, on r'vient danser
Pour n'en pas perdre l'habitude ;
J' r'vois Hypermnest' s'avancer,
Et Danaüs dans l'inquiétude,
La priant de n' plus fair' la prude ;
Après ça, Lyncée enchanté,
Accourant comm' un dératé,
Présente à sa femme un' tass' pleine,
Ly disant : « Bois à ma santé !
—« A ta santé ? (3 *fois*) c' n'est pas la peine. »

AIR : **Nous nous marierons dimanche.**

A c' mot, l' pèr' furieux,
Roulant de gros yeux,
Lui fait une min' hagarde ;
Hypermnest' rougit,
D'un air qui lui dit :
« J' l'avons lâché par mégarde. »
— « Si t'en dis plus,
Dit Danaüs,
« Prends garde ! »
La pauvre enfant,
Pour le moment,
N'a garde...
Et l'amant transi,
N' sachant pas trop si
C'est du lard ou du... les r'garde.

AIR : **Entends-tu l'appel qui sonne.**

J'entendons un cliqu'tis d' verres,
R'lintintin (*bis*) qu'est qu'c'est qu' ça ?
A c' bruit j' ne r'connaissons guères
La majesté de l'Opéra.   (*bis.*)
J' voyons chaq' femme et son homme
Pompant d'mi-s'tiers sur d'mi-s'tiers,
Arriver casquettes, comme

S'ils sortiont d' chez Desnoyers... [1]
A c't orgie, à c' cliqu'tis d' verres,
R'lintintin (*bis*), j' dis comm' ça :
Vraiment, j' ne r'connaissons guéres
La majesté de l'Opéra.

AIR : Contentons-nous d'une simple bouteille.

Rien que d' les voir, moi, qui dans le parterre
Étais de sueur trempé comm' dans un bain,
J'aurais d' bon cœur accepté z'un p'tit verre,
Mais n'y a pas mêche... enfin ça va si ben,
Et peu z'à peu de roquill' en roquilles
Ell' font tell'ment siroter leux maris,
Qu'ell's ont, morgué, ben moins l'air d'êtr' les filles
De Danaüs que d' la mère Radis [2].

AIR : Regards vifs et joli maintien.

Mais au milieu d' tous ces glougloux,
V'là tout à coup la nuit qu'arrive,
Et tout' les femm' à leurs époux
Semblont dire : Qui m'aime m' suive.
Pauv's homm'! les v'là dans d' jolis draps!

[1] Fameux cabaretier de la Courtille.
[2] Gargotière de la Villette.

Étourdis par le jus d' la treille,
Ben lourds, ben lents, ben longs, ben las,
Ils vont s' coucher, ne s' doutant pas
De ce qui leur pend (*bis*) à l'oreille. (*bis*.)

AIR : A peine au sortir de l'enfance.

Hypermnestre, qu'est la seul' bonne,
Laisse aller ses sœurs en avant,
Disant : « Faites c' qu'on vous ordonne,
« Pour quant à moi, j' dis... l' pus souvent...
« Ça n'est pas parc' que c'est mon père,
« Mais j' peux ben dire un' vérité :
« C'est qu'on en a pendu, j'espère,
« Qui n' l'aviont pas tant mérité. »   } *bis.*

AIR : Mon p'tit cœur, vous n' m'aimez guères.

Lyncée accourt la chercher,
Et ly dit : Viens-t'en, ma chère,
V'là l' moment de nous coucher...
Voyant qu'ell' ne veut pas l' faire :
Eh! quoi, z'Hypermnestre, un r'fus!
Mon p'tit cœur, vous n' m'aimez guères,
A moi, z'Hypermnestre, un r'fus!
   Non, non, vous n' m'aimez plus.

Air : Grâce à la mode

— « Fuis, dit-ell', parce
« Que si tu d'meurais,
« Cher z'amant, tu s'rais
« L' dindon d' la farce...
— « Qu'est-c' donc qu' tu me f'rais?
 — « J' t'égorgerais. »

Air : Peut-on affliger ce qu'on aime.

— « Peut-on égorger ce qu'on aime? »

Air : Tarare ponpon.

D'avouer tout c' qui s' passa
La pauvre enfant forcée,
Conseill' à son Lyncée
D' partir plus vite qu' ça.
— « Qui? moi? que je te quitte!
« Non, non, je ne le puis?
— « T'es mort, si tu n' fuis vite.
 — « Je fuis. »

Air : Quand un tendron vient dans ces lieux

V'là que l' tocsin au même instant
 R'tentit dans les ténèbres,
Et que d' la coulisse on entend

Partir ces cris funèbres :

« Oh ! oh ! oh ! oh ! ah ! ah ! ah ! ah !

« Est-c' ben vous qui nous tuez comme ça,

  « Là, là ?

« Oh ! oh ! oh ! oh ! ah ! ah ! ah ! ah !

« Devions-nous mourir sur c' coup-là,

  « Là, là ? »

Air des Trembleurs.

Hypermnestre à c' cri se sauve...

Et chaq' sœur de son alcove

S'élançant comm' un' bèt' fauve,

Accourt un poignard au poing.

Ell's avont un' drôle d' mise,

Car ell's sont tertout's en ch'mise,

C' qui pourtant n'est guère d' mise.

Vu qu' les Grecs n'en portaient point.

Air : Le petit mot pour rire.

« Enfans, dit l' pèr', j' suis content d' **vous**,

« Mais un' autr' victim' par vos coups

  « Doit encore êtr' percée.

— « Parlez, qui faut-il qu' nous frappions,

  « Que nous percions,

  « Que nous tuions ?

— « J' veux qu' vous perciez,

« J' veux qu' vous tuiez   (*bis*.)

   « Lyncée. »

Air : L'Ours est-il mort.

— « Il n'est pas mort? »

— « Non, pas encor.

Air : Nous nous verrons demain sur le champ de bataille.

« Hypermnestre a trahi mon espoir et ma rage :

« Allez, cherchez, courez, vengez votre papa.

—« Puisque nous somm' en train, ça n' coût' pas davantage; »

   Et la chér' sœur dira,

     Fera, chant'ra

     Tout c' qu'ell' voudra;

   L' cher beau-frère y pass'ra,

     Ha! ha! ha! ha!

   Un coup d' plus, c' n'est rien qu' ça.

Air des Pierrots.

Ell' partent, mais ell' ne s' dout' guères

Que Lyncée et tous ses amis,

Pour venger ses quarant'-neuf frères,

Dans la couliss' sont réunis;

Ils tombont sur nos enragées,

Qui sont bentôt, comm' chacun l' sent,

Tout's les quarant'-neuf égorgées,
Et Danaüs fait le d'mi-cent.

Ciel, l'Opéra va-t-il donc se dissoudre ?
Un chifflet part,
Et j'voyons de tout' part
Le moment où c'que la foudre
Va brûler et mettre en poudre
Danseurs, chanteurs,
Et p't'être spectateurs.
Tous les planchers s'écroulent,
Les plafonds roulent,
Les murs déboulent,
Et comm' l'éclair
Je tombons en enfer.

Ah ! ah ! ah ! ah ! ah !
Jésus Maria !
V'là toute la bande infernale,
Ah ! ah ! ah ! ah ! ah !
Jésus Maria !
Toute la salle
Rôtira.
Si c'est là qu' dans sa colère,

Le ciel loge le méchant,
M'est avis que d' not' vivant
Je n' risquons rien de lui plaire.
  Ah! ah! ah! ah! ah!
  Jésus Maria!
V'là toute la bande infernale!
  Ah! ah! ah! ah! ah!
   Jésus Maria!
   Toute la salle
    Rôtira.

Air de la Monaco.

  Pour queuq' bamboche,
  Là, des damnés
  Tournés, r'tournés
 Pass' leux tems à la broche;
  Là, sur un' roche,
  Un autr' tout nu,
  Tout morfondu,
 Gigote suspendu.
C'ti-ci jou' la hausse et la baisse
Sur un' rou', d'puis je n' sais combien,
Et c'ti-là s'en va pièce à pièce,
Détaillé par trois gueules d' chien.
  L' feu sort d' la terre,
  L' feu tomb' d'en haut,

L' feu sort tout chaud
Du fond d'une rivière ;
L' feu sort, ma chère,
D' la bouch', du nez
D' ces satanés
Renégats incarnés.
Au milieu de c'te canicule,
Faut voir les superbes effets
D' deux ou trois ponts où c' que tout brûle,
Excepté l' bois dont ils sont faits.
Toujours en ch'mises
Pendant tout ça,
Par-ci, par-là,
Les Danaïdes prises,
Pour les sottises
D' leur cher papa,
N' sav'nt point trop z-à
Queu sauce on les mettra.
C'est-il dur pour ces pauvres femmes,
Qu' tous les lutins vont poursuivant,
D' voir d' main en main passer leurs ames,
Comme leurs corps de leur vivant.
La rage ronge
L' pèr' Danaüs,
Qu' pour ses vertus
Sur un' pierre on alonge ;

Un dindon plonge
Sur le coco,
Et par morceau
Lui déchiqu'te la peau.
L' tonnerre éclate, et c' coup d'épaule
N' laiss' pas que d' flatter Lucifer;
Quoiqu'ça, tout l' monde a trouvé drôle
D' voir le feu du ciel en enfer.
Un bruit d' féraille,
Des chifflemens,
Des hurlemens,
Des explosions d' mitraille,
L' papa qui braille,
Par d'sus tout ça :
J'espère, ha! ha!
Qu' ça fait du brouhaha!
Et les Danaïd's, cul sur tête,
Dégringolant du haut des ponts;
Et l'eau des Carmes qu' chacun s' prête
Aux premiér's, aux second's, aux balcons.
Là, c'est une dame
Qui pâlit d' peur,
Ici, d' douleur
Un' jeune anglaise s' pàme,
Un' vieille femme,
Tout près de là,

Grinc', voyant ça,
D' la seule dent qu'elle a,
Un' autr' en haut est quasi morte,
Faut la ram'ner à son logis ;
Bref, c' n'est qu' des femmes qu'on emporte
D'puis l'enfer jusqu'au paradis ;
        Et tout' la salle,
        D' crier : « Bravo !
        « Ah ! comm' c'est beau !
        « C'est pire qu' la Vestale ! »
        Oui, bell' morale !
        Exempl's charmans !
        Papas, mamans,
        Am'nez-y vos enfans !
D' la punition d' ces fill's coupables
Vous m' direz qu' j'ons été témoins...
Mais en sont-ell's plus excusables ?
Et leux maris la gob'-t'-ils moins ?
        Tant y a, morguenne,
        Je t' le redis,
        Que j' f'rons deux lits
    Pendant toute un' huitaine,
        Et qu' d'un' quinzaine
        Chez moi, drès c' soir,
        Je n' veux plus voir
Ni couteau, ni rasoir,

LE PRINTEMPS.

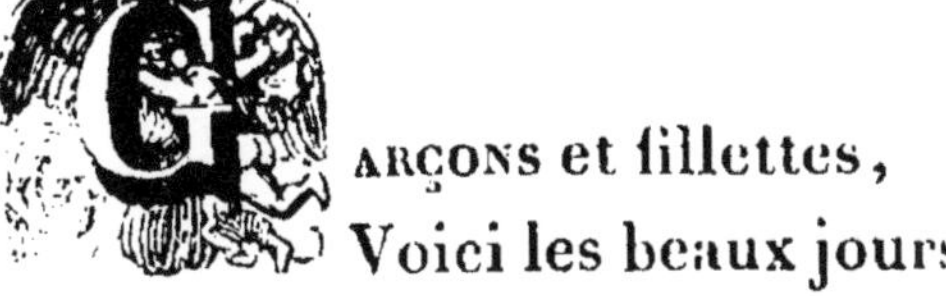

Garçons et fillettes,
Voici les beaux jours ;
Enflez vos musettes,
Chantez les amours.

La feuille légère
Promet la fraîcheur ;
Plus bas, la fougère
Promet le bonheur.
Garçons et fillettes,
Voici les beaux jours ;
Enflez vos musettes,
Chantez les amours.

Grâce aux feux de l'âge,
Aux feux du midi,
Colette est moins sage,
Colin plus hardi...

Garçons et fillettes,
Voici les beaux jours ;
Enflez vos musettes,
Chantez les amours.

Le Zéphyr entr'ouvre
D'un souffle indiscret
Le voile qui couvre
Un trésor secret...
Garçons et fillettes,
Voici les beaux jours ;
Enflez vos musettes,
Chantez les amours.

Agnès se colore
D'un feu que ses sens
Ignoraient encore
Au dernier printems.
Garçons et fillettes,
Voici les beaux jours ;
Enflez vos musettes,
Chantez les amours.

Le lis et la rose
Ornent à la fois
Le boudoir de Rose,
Et son gai minois.

Garçons et fillettes,
Voici les beaux jours;
Enflez vos musettes,
Chantez les amours.

Bravant une gêne
Dont il se lassait,
Le cœur rompt sa chaîne,
Le sein, son lacet.
Garçons et fillettes,
Voici les beaux jours;
Enflez vos musettes,
Chantez les amours.

Saison douce et chère,
Ton charme puissant
Rajeunit la mère
Et mûrit l'enfant.
Garçons et fillettes,
Voici les beaux jours;
Enflez vos musettes,
Chantez les amours.

Le vieillard éprouve
Un désir joyeux;
Le mari retrouve
Sa force et ses feux.

Garçons et fillettes,
Voici les beaux jours :
Enflez vos musettes.
Chantez les amours.

L'épouse féconde
Lance avec orgueil
Sur sa taille ronde
Un secret coup d'œil.
Garçons et fillettes.
Voici les beaux jours :
Enflez vos musettes,
Chantez les amours.

L'onde qui murmure,
L'agneau qui bondit,
Le ciel qui s'épure,
Tout enfin vous dit :
« Garçons et fillettes,
« Voici les beaux jours :
« Enflez vos musettes,
« Chantez les amours.

« Chaque heure sonnée
« Conduit à ce tems,
« Où pour vous l'année
« N'a plus de printems

« Garçons et fillettes,
« Voici les beaux jours;
« Enflez vos musettes,
« Chantez les amours. »

CADET BUTEUX

A LA PREMIÈRE REPRÉSENTATION

DE LA *PSYCHÉ* DU VAUDEVILLE.

Air : J'arrive à pied de province.

L'aut' jour, aux quat' coins d' la ville,
J' voyons affiché
Sur l'affiche du Vaud'ville,
Le nom de Psyché ;
Et quoiqu' ça fût la première
Représentation,
Crainte qu' ça n' fût la dernière,
J'entr' par précaution.

Air : Je vous comprendrai toujours bien.

A mon voisin, d'un air poli,
J' dis : Monsieur, vous savez peut-être

Si c'est queuqu' chose de joli
Que c'te Psyché qui va paraître?
Quoi! m' répond-il, vous n' savez pas?…
— Du tout. — C'est difficile à croire…
Vous êtes le seul, en ce cas,
Qui n' connaisse pas (*ter.*) son histoire.

Air de Marcelin.

Apprenez donc, m' dit-il, que l' vent
Un beau jour emporta c'te belle
Dans un palais qu'auparavant
On avait fait meubler pour elle.
C'était par l'ordre de l'Amour,
Qui, fou de c'te bell' criature,
La perça d'un trait à son tour…
Vous allez voir; v'là l'ouverture. (*bis.*)

Air : V'là c' que c'est qu' d'aller au bois.

J' voyons, au lever du rideau,
L'Amour et Psyché f'sant dodo;
Mais tout à coup, r'marquant que l' monde
Dans la salle abonde,
Il quitte sa blonde,
Et du lit ben vite il descend;
V'là c' que c'est qu' d'être décent.

Air : Une fille est un oiseau.

Mais à peine est-il sur pié
Qu'il nous apprend qu'il n' s'échappe,
Que d' peur que l' grand jour n' l'attrappe
Dans les bras de sa moitié.
Il n' veut pas être vu d' sa belle ;
Et quand, l' soir, il rentr' chez elle,
Faut qu'elle éteign' sa chandelle,
Et ça pour son intérêt...
Sûr'ment qu' si par aventure,
Elle voyait sa figure,
La fill' de joie en mourrait. (*Quatre fois.*)

Air : Que d'établissemens nouveaux.

L'Amour a c'tapendant sur l' dos
Deux chos' qui, pour peu qu'elle y touche,
La nuit même, et sous les rideaux,
Doiv' lui dire avec qui qu'ell' couche ;
Ou ben faut qu' lorsqu'il est couché,
Notr' petit coureur de ruelles
Se place d' façon que Psyché
N' puiss' pas mettr' la main sur ses ailes.

Air : Je suis né natif de Ferrare.

Mais v'là qu'il arrive un' grand' dame...
Ça fait tout d' même un biau brin d' femme ;

Jamais artiste n' vous troussa
Un' statue aussi belle qu' ça.   (*bis.*)
Je viens, dit-ell', vous fair' des r'proches,
Mon fi, j' connais tout' vos bamboches...
Et sur c' mot d' fi, moi, dans l' moment,
J' m'ai douté qu' c'était sa maman.

Air : Gai, gai, gai.

« Ah ! fi ! fi !
« Téméraire,
« Fi !
« Je n' suis plus votre mère ;
« Ah ! fi ! fi !
« Téméraire,
« Fi !
« Vous n'êtes plus mon fi !
« Dieux ! une mortelle ose...
« Crains de t'en repentir.
— « Maman, c'est une rose...
— « Je n' peux pas la sentir.
« Ah ! fi ! fi !
« Téméraire,
« Fi !
« Je n' suis plus votre mère...
« Ah ! fi ! fi !

« Téméraire,
  « Fi !
« Vous n'êtes plus mon fi. »

Air : Aussitôt que la lumière.

All' s'en va, roulant dans l'ame
Queuqu' bon moyen de s' venger ;
L'autre, d' peur d'êtr' vu d' sa femme,
N' tarde pas à déloger.
En s'en allant, il soupire,
Disant : Qu' c'est doux d'être aimé !...
Et sa mine a l'air de dire :
J' m'en vas prendre un consommé.

Air : Lison dormait dans un bocage.

Psyché, sitôt qu'ell' se voit seule,
Ouvre les yeux premièrement ;
Puis, comm' ell' n'était pas bégueule,
Vite elle appelle son amant.
Voyant qu'il r'fusait de l'entendre,
La pauvre petite étala
Le bras droit d'-ci, l' bras gauche d'-là,
Puis elle finit par étendre
L' pied gauch' par-ci, le pied droit par-là,
Les mit à terre, et puis parla.

Air : Jeunes filles, jeunes garçons.

« L' drôl' d'époux que mon époux fait !
« La nuit, il ne veut pas de lampe. (*bis*.)
« Et dès que l' jour vient, il décampe,
« Comme si l' diable l'emportait.
   « Jamais il ne déjeûne...
   « Et je ne sais s'il est
   « Blanc, noir, blond, brun, beau, laid ;
   « Tout c' que j' puis croire, c'est...
     « Qu'il est jeune. »   (*bis*.)

Air du ballet des Pierrots.

On voit, sur l' peu qu' dit la princesse,
Que c'est un' fille d' condition,
Uniqu' pour l'esprit, la tendresse,
La douceur et la discrétion ;
Uniq' sur tout pour la franchise,
Pour la décence et pour les mœurs ;
Mais, à c'te heure, il faut que j' vous dise
Que c'te fille unique a deux sœurs.

Air : Servantes, quittez vos paniers.

Ell's arrivont dans son hôtel,
  Avec un' rage extrême
D' voir qu' ce soit un si rich' mortel

Qui l'ait prise et qui l'aime.
« D'où vient, dis'nt-elles, c' bonheur-là?
« Et qu'a-t-ell' donc fait pour cela?
« Car, entre nous, tout ce qu'elle a,
  « Je croyons l'avoir de même. »

Air d'Exaudet.

Au surplus,
V'là Vénus
En sorcière,
Qui croit qu'on n' devin'ra pas
Son nom et ses appas,
Sous un' robe grossière...
Faut, jarni!
N'avoir ni
Tact ni vue,
Si, rien qu' sur son air fardé,
On n' voit pas qu'on l'a dé-
Jà vue.

J' sais ben qu' plus on est jolie,
Plus on a peur d'êtr' vieillie;
Mais j' suis franc...
Être blanc
De chev'lure,
Et montrer c'te fraîcheur-là,

Ça n'est pas trop dans la
    Nature ;
   Et d' bonn' foi,
   Je crois, moi,
   Qu' si personne
En voyant les traits d' Vénus,
   Ne les a reconnus,
  La raison en est bonne ;
    C'est qu'avant
    Le moment
    De paraître,
Elle avait fait promettre à
  Chaque acteur de n' pas la
    R'connaître.

AIR : Un mouvement de curiosité.

Psyché raconte à notr' sorciér' nouvelle
L' rêv' d'un poignard, qui ne manque pas d' gaîté ;
Puis all' s'en va ; puis, aux deux sœurs d'la belle.
Voulant l's am'ner à c' qu'elle a projeté,
Vénus dit qu' faut, pour êtr' aussi rich' qu'elle
Queuqu' mouvement de curiosité.

AIR : Ma tante Urlurette.

  « Ah ! dis'nt-ell's, entendant ça,
  « S'il n' faut que d' ces mouv'mens-là,

« Dès c' moment, j' nous voyons riches,
   « Et très riches,
   « Oui, très riches,
« Car j' n'en sommes pas chiches. »

AIR : Lise aimait le beau Germance.

Psyché r'vient en grand' tenue,
Comm' qui dirait moitié nue ;
Ses sœurs l'admir'nt ; après ça,
Lui demand' comment ça va.
   — « Comm' vous voyez, répond-elle.
   — « Et ton homm'? tu n'en dis rien.
   — « Eh! mais, leur répond la belle,
« C' matin il s' portait fort bien.

AIR : Toujours seule, disait Nina.

— « Fais-nous son portrait, car jamais
   « J' n'avons vu not' beau-frère.
— « Mon Dieu! je l' voudrions ben, mais
   « Je n' pouvons pas vous l' faire
— « Pourquoi donc?—C'est que, voyez-vous,
« D'puis un mois qu'il est mon époux,
   « J' causons, j' chantons,
   « J' rions, j' sautons,
« Et tout ça, sans le pouvoir
     « Voir.

AIR : *Nous nous marierons dimanche.*

— « Il est donc ben p'tit?
— « C'est qu'il n' vient qu' la nuit,
Dit not' soi-disant sorcière,
   « Attendu qu'il est
   « Si mal fait, si laid,
« Qu'il a peur de n' plus lui plaire.
   — « Qui? lui, vilain?
   « Avec un' main
      « Si douce! »
   — « C'est un' laideur,
   « C'est une horreur
      « Qui r'pousse. »
   L' fait est que l' mari
   Avait queuqu' chos' qui
R'poussait les quat' doigts et l' pouce [1].

AIR : *Tous les bourgeois de Châtres.*

Vénus, qui n'est pas bête,
L's asticotant exprès,
Leur met à tout's en tête,
De voir le monstre d' près.
« Eh ben! oui, dit Psyché; là-d'sus faut que j' m'éclaire :

[1] Le rôle de l'Amour est joué par mademoiselle Betzy.

« Mais v'là le jour qui disparaît ;
« Et pour mieux m'éclairer, faudrait
            « Avoir de la lumière. »

Air : Eh quoi? déjà je vois le jour.

All' s'en vont, et v'là qu'il r'fait nuit.
Bon ! dis-j' tout haut : faut que j' m'abuse ;
J'arriv', quand à peine l' jour luit ;
Zeste, au bout d'une heure il s'enfuit.
— Paix là, m' dit-on, n' fait' pas tant d'bruit.
— Pardon, messieurs, j'vous d'mande excuse :
C'est pourtant vrai, v'là qu'il r'fait nuit...
Qu' les jours sont courts, lorsqu'on s'amuse!

Air : Sur le port avec Manon un jour.

L'Amour s'en revient tout fâché
D'voir qu'on n'veut pas qu'il ait Psyché....
    Aisément cela se peut croire.
    « Qu'on m'ôt', dit-il, cell' que j'chéris ;
    « Et si, dans l' ciel, tous les maris
« N'sont point maris comm' les maris d'Paris,
« J'veux qu'on m'cass' la gueule et la mâchoire.»

Air : Encore un quart'ron, Claudine.

        Il s'couche, et tout' joyeuse
        D'voir enfin son époux,

Avec une veilleuse,
Psyché rentre à pas d'loups....
  Prenez garde à vous,
    Curieuse,
  Prenez garde à vous !

Air : Des Fleurettes.

Elle approche en silence,
Él'vant, baissant les yeux ;
Puis vers le lit ell' lance
Un r'gard qu'en vaut ben deux....
Puis ell' n'os' plus, puis elle ose...
Comm' fait toute fille, j'crois,
Qui, pour la première fois,
  Va voir un' chose.

Air : En revenant de Bâle en Suisse.

« Ah ! qu'il est beau, dit la curieuse !
« Ce monstre-là me plaît beaucoup. »
Chaqu'sœur en devient plus envieuse ;
Mais l'tonnerr' gronde, et v'là, sur l'coup,
  Vénus rajeunie,
  L'amour envolé,
  Psyché ben punie,
  Et moi désolé !...

Air : Que le Sultan Saladin.

Psyché sait bientôt comm' quoi
(Je n' sais trop d'après quell' loi)
Son mari d'vait disparaître,
Dès qu'elle aurait pu l' connaître,
Et qu'ell' n' le r'verra jamais...
  Oui, mais   *(bis.)*
Sur c' mot-là, queuqu' chos' d'épais
Par derrière v'nant à son aide,
  J' dis : Y a du r'mède.   *(bis.)*

Air de la Baronne.

  C'était un nuage
Qui descendait droit comme un I ;
L'amour en sort, fier comme un page,
Et tout l' chagrin qu' j'avions r'senti,
  C'était un nuage.

Air : Sous le nom de l'amitié.

« En peu d'tems on fait du ch'min,
 « Quand on vole à tir' d'aile, »
 Dit l'Amour à sa belle :
« Le maître du genre humain
 « Vient de t' faire immortelle,
 « Et voilà notre hymen

« De sa main,   (*bis.*)
« Paraphé sur parchemin. »

Air : Dans la chambre où naquit Molière.

Là d'sus les deux partis s'écrient :
« Ah ! quel plaisir ! — Ah ! quel affront ! »
Et v'là ceux qui pleuriont, qui rient ;
Et v'là ceux qui riaient, qui pleuront.
La maman dit : « Le coup est rude ;
« Jupiter sait ben comme on m'prend.... »
Tant y a qu'enfin Vénus se rend,
Pour n'en pas perdre l'habitude.

Air : Faut d' la vertu, pas trop n'en faut.

Faut êtr' curieux, pas trop ne l' faut : } *bis.*
L'excès en tout est un défaut.
V'là tout' la morale d' la pièce :
Et moi, qu'avais, d' mon boursicot,
Baillé jusqu'à la dernièr' pièce,
J' sortis, chantant, comme eux, tout haut.
Faut êtr' curieux, pas trop ne l' faut : } *bis.*
L'excès en tout est un défaut.

A M. CASIMIR-MÉNESTRIER,

Air : Avec vous sous le même toit.

J'ai reçu, joyeux troubadour,
De vos vers le galant hommage;
Mais je n'ai pu jusqu'à ce jour
Y reconnaître mon image :
De votre pinceau délicat
J'aime la grâce et l'élégance;
Mais pour trop donner à l'éclat
Vous ôtez à la ressemblance.

J'ai bien reconnu tous mes airs
Animés par votre folie;
Vous prêtez à mes traits divers
L'esprit d'une touche jolie :

Mais plus vous flattez le portrait,
Moins à mes yeux il est fidèle,
Et j'y vois l'éloge parfait
Du peintre plus que du modèle.

Le poète et l'épicurien
En vous tour à tour savent plaire ;
J'aime à chanter et je bois bien....
Acceptez l'amitié d'un frère :
A votre cœur, à votre esprit,
D'un commun accord rendant grâce,
Le poète vous applaudit,
Et l'épicurien vous embrasse.

LES PASSANS.

DIALOGUE CRITIQUE ET MORAL ENTRE UN PARISIEN
ET UN NOUVEAU DÉBARQUÉ.

Air : Où s'en vont ces gais bergers ?

LE NOUVEAU DÉBARQUÉ.

Où va donc, m'sieur l' Parisien,
Ce déluge de monde,
Dont voilà qu'en moins de rien
L' débordement m'inonde?

LE PARISIEN.

L'un va chez son débiteur,
L'autre va chez sa brune ;
Plusieurs aussi courent à l'honneur,
Et tous à la fortune.

LE NOUVEAU DÉBARQUÉ.

Où s'en va cet élégant
   Qui siffle un' chansonnette,
D'un' main agitant son gant,
   D'l'autre, une moitié d'lunette?
Est-il danseur ou chanteur?
   Il n' fait qu' sauts et roulades.

LE PARISIEN.

Non, mon cher, c'est un jeune docteur
   Qui va voir ses malades.

LE NOUVEAU DÉBARQUÉ.

Où s'en va c' monsieur tout noir,
   Les yeux fixés à terre?
Sur les bras il doit avoir
   Une méchante affaire...
Car il a l'air de penser
   A queuq' chose d' tragique....

LE PARISIEN.

Il médite un pas qu'il doit danser
   A l'Ambigu-Comique.

LE NOUVEAU DÉBARQUÉ.

Où va c' vieillard estropié,
Dont l' corps n'est qu' cicatrice?

LE PARISIEN.

Ce bon militaire à pié
Regagne son hospice.

LE NOUVEAU DÉBARQUÉ.

Et c'mirliflor en wiski,
Rasant tout' les boutiques....
Où va-t-il?

LE PARISIEN.

C'est un perruquier qui
Va faire ses pratiques.

LE NOUVEAU DÉBARQUÉ.

Où va, s'il vous plaît, encor
Ce monsieur pâle et maigre
A besicl' et boucles d'or?....

LE PARISIEN.

Oh! c'est un juge intègre
Qui, mariant sans effort

L'agréable à l'utile,
Vient de condamner un homme à mort
Et court au Vaudeville.

LE NOUVEAU DÉBARQUÉ.

Où s'en va d' femm's et d'enfans
Cette troupe échappée?
J'gage, à leurs airs triomphans,
Qu'ils vont à la Rapée :
Tant mieux; c'est ben naturel
Que l' peuple s' divertisse....

LE PARISIEN.

Ils vont voir sortir un criminel
Du Palais de justice.

LE NOUVEAU DÉBARQUÉ.

Où s'en va c'te demoisell'-là,
Si modeste et si triste?

LE PARISIEN.

On voit, au carton qu'elle a,
Que c'est une modiste.

LE NOUVEAU DÉBARQUÉ.

Ell' rougit et baiss' les yeux
Sitôt qu'on la regarde....

LE PARISIEN.

Elle va faire, hélas! ses adieux
Au tambour de la garde.

LE NOUVEAU DÉBARQUÉ.

Où va c' visage à l'évent,
C'te fac' plate et r'bondie?
Ah! v'là qu'il s'arrête d'vant
L's affiches d'comédie;
J'aurions besoin de l' souffler,
Car je crois qu'il épelle.

LE PARISIEN.

Aux Français, ce soir il va siffler
Une pièce nouvelle.

LE NOUVEAU DÉBARQUÉ.

Où s'en va ce p'tit minois?
Il semble me connaître...
V'là qu'il m'appelle, je crois....
J'vas voir qui ça peut être.

LE PARISIEN.

Adieu donc, enfant gâté
Des plaisirs et des belles....

Demain, j'irai, de votre santé,
Apprendre des nouvelles.

LE NOUVEAU DÉBARQUÉ.

Encore un mot !... où vont donc
Ces lurons d'bonne mine ?

LE PARISIEN.

A leur joyeux abandon,
La chose se devine.
Ils vont tous à l'unisson,
Pleins d'une soif égale,
Entonner le vin et la chanson
Au Rocher de Cancale.

HISTOIRE D'UN FIACRE*,

ÉCRITE PAR LUI-MÊME.

A_{IR} : Vous l'ordonnez, je me ferai connaître.

Ne craignez pas que je jure ni sacre,
En vous disant ma vie et mes malheurs:
Je sais qu'on doit du respect aux lecteurs;
Mais excusez si j'écris comme un fiacre.

A_{IR} : Mon père était pot.

Je vais vous faire ici ma gé-
néalogie entière :
De quatorze ans je suis âgé,
Et mon très cher grand'père

¹ En société avec M. Brazier.

Fut un peuplier,
Mon père, un noyer,
Mon grand-cousin, un chêne,
Mon frère était pin,
Moi, je suis sapin,
Et fus fait par Duchesne [1].

AIR : Je vous comprendrai toujours bien

Vendu pour l'hymen solennel
D'un duc avec une comtesse,
En grande étiquette, à l'autel
Je conduisis leur double altesse.
L'un bâillait, l'autre soupirait;
Moi, m'amusant des plaisirs qu'offre
Un mariage d'intérêt,
Tout bas je riais (3 *fois*) comme un coffre.

AIR : J'ai vu partout dans mes voyages.

Mais, le lendemain de sa noce,
Aux îles nommé gouverneur,
Mon maître vendit son carrosse
A certain riche fournisseur.
Je le crus natif d'Angleterre,
A son pas lourd, son air épais,

[1] Nom d'un fameux carrossier.

Et plus encore à la manière
Dont il écorchait le français. } *Bis.*

Air de la fanfare de Saint-Cloud.

C'était toujours même course :
Je roulais monsieur Mondor
Des Finances à la Bourse,
Et de la Bourse au Trésor.
Du Trésor chez sa Clarisse,
Où, plein d'amour et de vin,
Mon cher maître avec délice
Ronflait jusqu'au lendemain.

Air du vaudeville d'Angélique et Melcourt.

Mais comme il allait trop grand train,
Une ornière, sur son passage,
Fit trébucher, un beau matin,
L'homme, l'argent et l'équipage.
Ne pouvant pas aller plus loin,
Monsieur Mondor changea de notes,
Et finit par manger le foin
Qu'il avait mis dans ses bottes. (*bis.*)

Air : Toujours, toujours, il est toujours le même.

Je promenai bientôt le diadème
D'une *princesse* au théâtre en renom ;

Quant au nom du patron,
C'est encore un problème.
Celui que j'emmenais,
Et que je ramenais,
    Jamais, jamais,
Jamais n'était le même.

AIR : Gaîment je m'accommode

Un jour, une saisie
        Par corps,
Vient punir d'Aspasie
        Les torts ;
Les huissiers n'ont aucune
        Pitié :
Et voilà *Rodogune*
        A pié !

AIR : Où s'en vont ces gais bergers ?

Tombant alors au pouvoir
    D'un loueur de voitures,
Qui par état doit savoir
    Rajeunir les tournures,
Je repris en moins d'un jour
    Une apparence neuve,
Et soudain je fus retenu pour
    Les noces d'une veuve.

Air du major Palmer.

Que je voyais de visages
Dans cette condition !
Que de petits personnages
A grande prétention !
Je conduisais chez un cuistre
Un artiste renommé ;
Je menais chez le ministre
Un sous-préfet réformé ;
Je roulais, d'un pas agile,
Une *Iris* à l'*Arc-en-Ciel* ;
Je menais un imbécille
Au concert *spirituel* ;
Je promenais, sans sa femme,
Un époux à Chantilly,
Et le lendemain la dame
A Gros-Bois, sans son mari.
Je conduisais en nourrice
Un enfant escamoté ;
Aux *Vertus* [1] plus d'une actrice,
Un milord à la *Gaîté*.   (*ter.*)

[1] Village près de Paris.

Air : Ah ! mon Dieu ! qu'est-c' qu'on dira

De toujours rouler mon corps,
A la fin pourtant je me lasse,
Et voudrais (mais vains effors !)
Demeurer quelque temps en place.
  Pour ne plus me voir rouer,
  Trimballer et secouer ;
A quel saint dois-je me vouer?...
  Dans l'ennui qui m'obsède,
Invoquons *saint Fiacre* à notre aide. (*bis.*)

Air : Il faut que l'on file doux.

D'une voix presque épuisée
A peine ai-je dit ces mots,
Que, sur ma carcasse usée,
J'aperçois des numéros.
  Et, jusqu'au bout de la ville,
  Transportant mon corps débile,
Saint Fiacre, du haut du Ciel,
Me met à la file, file, file,
  Sur la place *Saint-Michel*.

Air : Faut d' la vertu, pas trop n'en faut

Ah ! que les fiacres sont heureux !
Le vrai bonheur n'est que pour eux.

Un temps sec , un ciel sans nuage ,
Reposaient mes ressorts usés :
Je riais d'être sans ouvrage ,
Et je chantais les bras croisés :
Ah ! que les fiacres sont heureux !
Le vrai bonheur n'est que pour eux. (*ter.*)

Air : Ciel ! l'univers va-t-il donc se dissoudre ?

Mais tout à coup , adieu , douces chimères !
L'eau par torrens , sans pitié , fond sur nous ;
Les ruisseaux sont des rivières :
Les passans dans mes confrères
Se jettent tous ,
Et sens dessus dessous ;
Et moi plein comme un œuf ,
Gagnant au large
Avec ma charge ,
J'en roule neuf
Jusqu'au bas du Pont-Neuf.

Air : Une fille est un oiseau.

Je crevais sous le fardeau
D'un grand'père et d'une mère ,
D'une sœur, d'un petit frère ,
Et d'un enfant au berceau ;
D'un parrain, d'une marraine ,

D'une bonne et d'une chienne,
Qui tous, chantant leur antienne,
Faisaient un sabat d'enfer...
C'est en vain que le fouet claque,
Je me détraque et je craque :
Un *sapin* n'est pas de *fer*.

Air : Sans mentir.

Me voilà, sans connaissance,
Etendu.... quel triste sort !
Sans doute, à ma défaillance,
On a cru que j'étais mort.
Car, en sortant des ténèbres,
Qui menaçaient mon destin,
Ce fut aux pompes funèbres
Que je me vis le matin,
  R'lintintin, r'lintintin,
Dans le faubourg Saint-Martin.

Air : Vive Paris.

Je commençais à m'effrayer
De cet étrange domicile,
Quand l'autre jour, pour m'égayer,
Un badigeonneur de la ville,
Armé d'un pinceau, vint me voir,
Et me changea du blanc au noir.   (*bis*.)

Air du Ménage de garçon.

Hier, pour ma première sortie,
Je suivis un de nos banquiers,
Et dans ma caisse rétablie
J'avais ses plus chers héritiers.   (*bis.*)
Aux regrets bien loin d'être en proie,
De rire ils paraissaient en train....
Mais, puisque l'on pleure de joie,
Ils pouvaient rire de chagrin.   (*bis.*)

Air : Le fleuve de la vie.

Remplis des châteaux en Espagne
Qu'ils bâtissaient dans l'avenir,
Ils arrivent à la montagne [1]
Où tôt ou tard on doit finir.
Et, tout à la philosophie,
Moi, je me disais en montant :
C'est donc ainsi que l'on descend
    Le fleuve de la vie.

Air : Suzon sortait de son village.

Hélas! depuis mon premier maître,
Que de culbutes tour à tour!

[1] Maison du Père Lachaise.

Il ne me manque plus que d'être
Ou fourgon, ou charrette un jour.
        Par mes dorures,
        Par mes peintures,
            J'éblouissais
        Ceux que j'éclaboussais.
            Grandeur passée !
            Gloire éclipsée !
            Quantum ego
        Mutatus ab illo !
Mais du temps, qui toujours s'écoule,
Rien ne peut arrêter l'essor ;
Tant bien que mal je roule encor,
        Et toujours va qui roule !   (*ter.*)

LE CAMPAGNARD A PARIS[1].

Air : Tarare Pompon.

Paris est, m' disait-on,
  Le paradis sur terre....
Là-d'sus avec Jeann'ton,
Sam'di j' quitt' mon canton.
N'ayant qu' trent' lieu's à faire,
Dans c' paradis, hier,
J'entrîm' par la barrière
    D'Enfer.

Air de Marcelin.

Jarni ! que d' train ! que d' cris ! que d' chants !
Que de maisons ! que de familles !
Que de boutiques ! que d' marchands !
Que de garçons ! et que de filles !

[1] En société avec M. Brazier.

Que d' gens ben mis ! que d' gens crottés !
Que d' fous ! que d' foll' ! que d' sots ! que d' sottes !
Que de laidrons ! que de beautés !
Que d' vent ! que d' poussière et que d' crottes !

Air : Ah ! mon Dieu ! comme c'est drôle !

D'un saut me v'là sur les boul'vards...
    Ah ! comme c'est drôle !
Que d' chos' curieus' y frapp' mes r'gards !
    Ah ! comm' c'est drôle !
Les gens d'affaires, les musards,
Les gill', les voleurs, les richards...
    Ah ! mon Dieu ! comm' c'est drôle !
Les médecins, les corbillards...
    Ah ! mon Dieu ! comm' c'est drôle !

Air : Du Curé de Pompone.

Un pauvre homme des plus souffrans
    M' dit qu' la misér' l'assomme...
J' l'y d'mand' s'il peut m' rend' sur vingt francs,
    D' sa poche il tir' la somme...
    Ah ! il m'en souviendra
        Larira,
    D' la misér' du pauvre homme !

Dans dix carrosses de commande,
Trente amis suiv't un enterr'ment :
La politesse s'rait plus grande
De l'escorter pédestrement ;
Mais dans leur désespoir extrême
Ils ont peur de se mouiller l' pié...
Si ce n'est pas là comme on aime,
Qu'appelez-vous de l'amitié ?

D'vant Tortoni j' voyons sauter à terre
De sa calèche un p'tit ébouriffé...
A son allure on croirait qu'il va faire
   La fortune de ce café.
Il entre ; il d'mande, en criant comme quatre,
Un' flûte avec du chocolat au lait.
J' dis : « Faut y joindre un verr' d'eau pour abattre
   « La poussière qu'il fait. »   (ter.)

C' que jusque-là j'avions r'marqué,
J' l'écrivons, et j'allons sur l' quai,
M' disant tout bas : « Il est possible
« Qu' j'y trouvions queuq' chose d' risible ;

« Comme il s' peut qu' j'y perdions nos pas...
« Dans tous les cas, je n' serions pas
« L' premier passant qu'aurait fait de l'eau claire
« Tout le long, le long de la rivière. »

D'vant l'Institut j' voyons grand' compagnie ;
Mais pour entrer, j' n'avions pas d' mot d'écrit.
On v'nait d'y perdre un' personne d' génie
Qu'on remplaçait par un' personn' d'esprit.
J' dis : « C'est bien vu, car si d' tous les grands hommes
« Les successeurs devaient leur ressembler,
« On risqu'rait fort, dans le siècle où nous sommes,
« De n' voir bientôt qu' les fauteuils s'assembler. »

J' m'ach'minons vers l' Palais-Royal,
Et j'entendons trois heur' qui sonnent...
Allons voir dans ce biau local
C' qu'on y fait d' bien, c' qu'on y fait d' mal.
Dans c'te cour quels bruits résonnent ?
Est-c' des femm' qui chuchotent ?
Est-c' des abeill' qui bourdonnent ?
Est-c' des homm' qui complotont ?
Approchons. — « Mon Dieu ! queuqu' c'est q'ça ?
Dis-je à queuqu' gens qui m'environnent...

« Queu tumulte ! queu brouhaha !
« Dit'-moi donc un peu c' qu'on fait là ?
    — « On y fait, m' dit-on, la guerre ;
    « Et puis on y fait la paix.
    « On y fait un' bonne affaire,
    « Et puis un' mauvaise après.
    « On y fait l' beau tems quand il pleut ;
    « On y fait l'été quand il gèle ;
    « Et le printems quand il grêle.
    « On y fait fortun' quand on peut,
    « Et banqueroute quand on veut.
    « On y fait souvent l' mélange
    « Du pastel et d' l'indigo :
    « D' la laine et du cacao ;
    « On y fait maint et maint écrit ;
    « On y fait des lettres de change ;
    « On y fait des lettres d' crédit ;
    « Mais on n'y fait jamais d'esprit. »

Air : Une fille est un oiseau

Après avoir dit merci
A ceux qu'éclairiont mon doute,
Sans trop savoir c' qu'il en coûte,
J' vas dîner chez m'sieur Véry :
Quant vient la carte payante,
J'y vois un' somme effrayante...

Et l' garçon qui m' la présente
M' dit qu'il faut payer l' local...
J' crois que c' marmiton-là m' gausse.
« Pourrais-tu m' dire à quell' sauce
« J'ai mangé l' Palais Royal?   (*ter.*)

AIR : Du partage de la richesse

Voulant bien finir ma journée,
J' vas pour voir l' mélodram' nouveau ;
Déjà, comm' tout le long d' l'année,
N'y avait plus d' billets au bureau.
J' dis : « Aux *Français*, qu' je n'connais guère,
« Voyons si j' s'rai plus avancé. »
Comme on jouait Racine et Molière,
N'y avait personne, et j' fus placé. (*bis.*)

AIR : Aux soins que je prends de ma gloire.

Je r'trouve, en sortant, les carrosses
Qu' j'avions vus suivant un cercueil,
Et qui rev'naient d'un bal de noces
Qu'avait donné le loueur de deuil.
Il y f'sait galamment r'conduire
Tous les conviv's encore en train...
Si ben que l' soir on pleurait d' rire
Où l' matin on pleurait d' chagrin.

Air : J'étais gisant à cette place.

Plus loin j' vois un salon plein d' lustres,
Et je m' figur' qu'un si beau lieu
Est l' palais de queuqu's princ's illustres :
On m'apprend qu' c'est un' maison d' jeu.
Faut que l' bourgeois ait bien d' l'hardiesse,
Pour oser, de cette façon,
Illuminer une maison
Où l'on doit v'nir sans qu'ça paraisse.

Air du Ménage de garçon.

J'allais rentrer, quand un tas d' pierres
Sur l' nez vient m' faire trébucher,
Maugré dix ou douz' réverbères
Qu'auriont bien dû m'en empêcher. (*bis.*)
L' monsieur chargé de c'te partie
Pour l's allumer tous est payé...
Mais queuqu' fois, par économie,   } *bis.*
Il n'en allume qu' la moitié.

Air : A moins que dans ce monastère.

V'la-t-il pas qu'un bon et brave homme
Tombe sur moi pour me r'lever !
Pour me soulager il m'assomme,
Et puis je le vois se sauver...

Tout estropié, je crie et pleure ;
Et me trouvant, grâce à ses soins,
Un' bosse d' plus, un' montre d' moins,
Je m' dis : « V'là donc ma dernière heure. »

Air : Suzon sortait de son village.

Tremblant, pestant au fond de l'ame,
J' rentrons à l'hôtel un peu tard,
Et le portier me dit qu' ma femme
Est partie avec un hussard.
   On me l'enlève...
   Ce jour m'achève...
   V'là donc c' Paris
Qu'on nomme un paradis !
   Ville maudite !
   Adieu, j' te quitte,
   Et chez moi d'main
J' vas dire à chaqu' voisin :
« Quand vous aurez, mon cher compère,
« Un'bourse, un'montre, un'femme d'trop,
« A Paris venez au galop,
  « On vous f'ra votre affaire.   (ter.)

LE SON QUE JE PREFERE.

Air : Entends-tu l'appel qui sonne ?
(Du vaudeville d'une Nuit de la garde nationale.)

Quand j'entends mon verre
        Faire,
        Dès l' matin,
    R'lintintin, r'lintintin,
    J' dis : V'là l' son que je préfère ;
        Et j' bois là-d'ssus
        Un coup de plus.   } *bis.*

(Le verre de vin est obligé après chaque refrain.)

L' son d'une voix douce et tendre
Com' celle d' Suzon qu' j'aimais,
Mon oreille n' peut l'entendre
Sans qu' mon cœur s'afflige ; mais...

Quand j'entends mon verre
        Faire
    Dès l' matin,
R'lintintin, r'lintintin,
J' dis : V'là l' son que je préfère ;
    Et j' bois là-d'ssus
    Un coup de plus.

L' son d' l'argent, quand j' n'en ai guère,
M' rend plus pauvre que jamais
Et m' fait maudir' ma misère,
Moi, qui n'en f'sais qu' rire ; mais...

Quand j'entends mon verre
        Faire,
    Dès l' matin,
R'lintintin, r'lintintin,
J' dis : V'là l' son que je préfère ;
    Et j' bois là-d'ssus
    Un coup de plus.

L' son des violons d' mon village,
Auquel aut'fois j' m'animais,
M' dit à c't'heur' que j' suis dans l'âge
Où l'on doit les payer ; mais...

Quand j'entends mon verre
Faire,
Dès l' matin.
R'lintintin, r'lintintin,
J' dis : V'là l' son que je préfère ;
Et j' bois là-d'ssus
Un coup de plus.

L' son du tambour me rappelle
C' tems où malgré moi j' m'armais
Pour aller chercher querelle
A tous les monarques ; mais...

Quand j'entends mon verre
Faire,
Dès l' matin,
R'lintintin, r'lintintin,
J' dis : V'là l' son que je préfère ;
Et j' bois là-d'ssus
Un coup de plus.

L' son du cor m' rappell' sans cesse
Qu'un jour où dans l' bois j' dormais,
Certain chasseur eut l'adresse
De m' prendr' pour la bête...; mais...

Quand j'entends mon verre
   Faire,
  Dès l' matin,
R'lintintin, r'lintintin,
J' dis : V'là l' son que j' préfère ;
  Et j' bois là-d'ssus
  Un coup de plus.

L' son importun d' ma sonnette,
Qui ne se r'pose jamais,
M' fait toujours souv'nir d' queuq' dette
Que j' voudrais oublier ; mais...

  Quand j'entends mon verre
   Faire,
  Dès l' matin,
R'lintintin, r'lintintin,
J' dis : V'là l' son que je préfère ;
  Et j' bois là-d'ssus
  Un coup de plus.

L' son de la cloche d' not' paroisse
M' rappelle, à chaq' pas que j' fais,
L' carillon du jour d'angoisse
Où j' me suis marié... ; mais...

Quand j'entends mon verre
　　Faire,
　　Dès l' matin,
R'lintintin, r'lintintin,
J' dis : V'là l' son que je préfère;
　　Et j' bois là-d'ssus
　　Un coup de plus.

A chaque heure, l' son d' l'horloge
Semble m' dire désormais,
Qu' bientôt faudra que j' déloge
De c' monde où j' me plais tant; mais...

Quand j'entends mon verre
　　Faire,
　　Dès l' matin,
R'lintintin, r'lintintin,
J' dis : V'là l' son que je préfère;
　　Et j' bois là-d'ssus
　　Un coup de plus.

CADET BUTEUX

AU

VAMPIRE

En v'là ben d'une autre encor !
C'est donc d' pus fort en pus fort !
Qu' les Danaïd's, la Vestale,
Qui fir'nt fureur et scandale,
Aient fait d' l'or... Dieu sait combien !
C'est bien,
Fort bien ;
J' leux ons aussi porté l' mien...
Mais, hier soir, j'ons vu le Vampire...
C'est ben pus pire.   (*bis.*)

Air : *Tenez, moi, je suis un bon homme.*

Qu'est-c' qui connaît rien d' pus cocasse
Qu'un trépassé qui s' porte bien?
Qui meurt, ressuscite sur place,
Qui mang' de tout et vit de rien?
C'tapendant pour voir c'te bêtise,
C'est tous les jours foule au bureau!...
N'y en a jamais tant à l'église,   } *bis.*
Maugré qu'on entre *pro Deo*.

Air : *Décacheter sous ma porte.*

Dam! c'est qu' c'est un' piéc' qu'est faite
Pour fair' dresser sur la tête
   Les ch'veux de quiconque en a...
Et j' vas vous raconter c't'horreur-là;
Car moi, qui ne suis qu'un' bête,
J' la sais comm' si j' l'avais faite.   (*bis.*)

Air du vaudeville de *Partie carrée.*

J' voyons d'abord l' pus joli p'tit cim'tiére;
Tout d'bout, dans l' fond, un ange à fair' frémir...
A côté d' lui, tout d' son long sur un' biére,
Un' dame en blanc occupée à dormir.

D'fraveur, tout l'monde est tremblant, muet et blême ;
Un sourd pourrait entendre un' mouch' voler :
N'y a pas enfin jusqu'au souffleur lui-même
    Qui n'ose pas souffler.   (*Trois fois.*)

Air : Monsieur le Prévôt des Marchands.

L'ange d' la lun' nous tomb' des cieux
Pour s'entret'nir avec le vieux :
Et, dans cette intention, il m' semble
Que l' voyage était essentiel,
Vu que pour chuchoter ensemble,
Y a z'un peu loin d' la terre au ciel.

Air : Une fille est un oiseau.

Par eux j'apprenons comm' quoi,
Des défunts quittant les d'meures,
L' Vampir', tout' les trent'-six heures,
Doit, aux termes d'une loi,
S' régaler d'une fiancée ,
Qui, sucée et ressucée,
Entre ses bras trépassée,
Trent'-six heur's après encor,
Laisse à notre bon apôtre
Le tems d'en r'ssucer une autre...
Sinon l' défunt s'rait ben mort.

AIR du ballet des Pierrots.

Mais l'ang', qu'a ben cent ans et l' reste,
Du Vampir' n'étant pas cousin,
S' promet ben, tant il le déteste,
D' la faire danser au voisin.
« J' le r'command'rai, dit-il, au prône ; »
Et j' voyons, sans èt' ben rusé,
Que, quoiqu' l'ange ait un' barb' d'une aune,
C'est le Vampir' qui s'ra rasé.

AIR du Pas redoublé.

Mais qu'est-c'qu'c'est donc que c't ang' barbon ?
　　Me d'mand'ra-t-on peut-être...
C'est un ang' qui n'est pas très bon,
　　Quoiqu'il veuille l' paraître.
Et l'on d'vine à son air cassé,
　　A ses façons sauvages,
A son ton lourd, triste et glacé,
　　Qu' c'est l'ange des mariages.

AIR : Comme on fait son lit on se couche.

Pour prendre un instant de repos,
Comm' les deux anges se saluent,
Une heur' sonne, et j' vois des tombeaux
Tous les couvercles qui se r'muent.

C'est l'heure d' la récréation :
Et, voyant qu' d'aut' s'en effarouchent,
J'leu' dis : « C'est qu' les morts, dans c' canton,
« Se lèvent quand les vivans s' couchent. » (*bis.*)

Air : Rien n'était si joli qu'Adèle.

Pour sortir d' leurs tanières sombres,
  Soul'vant sans efforts
 La pierr' qui couvr' leurs corps,
  V'là trent'-six morts
  Le nez dehors,
  Qui s' disont tous :
  « Amusons-nous,
  « Trémoussons-nous,
  « Amusons-nous,
  « Trémoussons-nous,
   « Ombres. »
  Ils prenn'nt leurs ébats,
 Puis ils r'gagnont les Pays-Bas.

Air : Réveillez-vous, belle endormie.

« Réveille-toi, belle endormie !... »
Crie un aut' mort, d' je n' sais quel lieu ;
Et la dormeuse, tout' saisie,
Croyant qu' c'est l' diabl', crie : « Ah ! mon Dieu ! »

AIR : Nous nous marierons dimanche.

Ah ! queu chien d'effet,

Quand, comm' d'un buffet,

Sort et s'élance au d'vant d'elle

Un ci-d'vant humain,

L' poignard dans un' main

Et dans l'autre une chandelle !

Sur ell' voyant

Que le r'venant

Se penche,

L'ang' crie : « Alt'-là !

« Sinon j' prends ma

« Revanche... »

A c' mot, l' loup-garou

Rentre dans son trou,

Et le poignard dans son manche.

AIR des Pendus.

Là-d'ssus Oscar (car c'est son nom)

R'mèn' la d'moiselle à sa maison ;

Ituriel (c'est l'ange d' la lune)

En r'prend l' chemin maugré la brune ;

Et moi, je m' dis : « Assez causé...

« V'là z'un ouvrag' ben exposé ! »

FIN DU PROLOGUE.

ACTE PREMIER.

Air du major Palmer.

L'théâtr' change et comme un' masse
J' voyons l' cim'tière enterré,
Puis v'là qu'on nous donne en place
Un beau salon tout doré ;
Puis j'apprenons que la dame
Qui, dans les *de profundis*,
Sommeillait de tout' son âme,
Est la d'moisell' du logis.
La veill', d' s' prom'ner tentée,
Pour profiter d'un beau soir,
Ell' s'était tant écartée,
Que l'eau venant à pleuvoir,
Pour s' garantir de la crotte
Qu'elle eût rencontrée en ch'min,
Ell' porta l' pied vers un' grotte
Qui se trouva sous sa main.

Dormir un' nuit tout entière,
Et, comm' si de rien n'était,
Dans l' plus profond d'un cim'tière
Où chaqu' mort ressuscitait !...
Mais tout's les dames conviennent
Qu' la nuit ell's préfèr'nt tout bas,
Les morts qui queuqu' fois reviennent
Aux vivans qui ne r'vienn'nt pas.

AIR : Tous les bourgeois de Châtres.

Ell' fait à sa servante
Qui pour la r'voir accourt,
D' son rêv' qui l'épouvante
L' récit plus long que court.
En fait d'peurs, dit la vieille, ah ! j' connaissons les vôtres :
Pour un homm' qu'on a vu la nuit,
Faut-il donc faire tant de bruit ?
Moi, j'en ai vu bien d'autres.

AIR : Non, je ne ferai pas ce qu'on veut que je fasse.

Mais, chut ! j'entendons v'nir m'sieur Aubray, son cher frè
Et sur c' rêve, d'vant lui, faut avoir soin d' se taire.
Il n' veut entend' parler ni de r'venant ni d' mort ;
C'est un ben faible acteur, mais c'est un esprit fort.

Air de la Catacoua.

D'puis queuq' tems toujours en voyage,
Et pressé de marier sa sœur,
Il portait sur lui son visage
Qu'il montrait à chaqu' voyageur.
De Rutwen, un jour s' trouvant proche,
Il tir' sa sœur de son gousset :
  Zeste, ell' lui plaît,
  Le contrat s' fait.
Crac, v'là qu'il meurt; mais son frère paraît.
Aubray r'tire sa sœur d' sa poche,
L'un remplac' l'autre, et v'là c' que c'est.

Air : Gai, gai, mariez-vous

« Gai, gai, gai ! c'est demain
« Dit à Malvina l' cher frère,
« Gai, gai, gai ! c'est demain
« Que Morsden aura ta main.
— « Rutwen fut mon prétendu ;
« Seul, dit-elle, il a su m' plaire,
« Et c'est lui qu' mon cœur préfère,
« Quoiqu' je n' l'ayons jamais vu.
— « Gai, gai, puisqu'il est mort
« Il faut y r'noncer, ma chère,

« Gai, gai, je l' pleure encor,
« Mais les morts ont toujours tort. »

Air : Ah! Monseigneur.

Brigitte accourt. — « V'là, monseigneur,
Le prétendu d' mamsell' vot' sœur. »
L' Vampir' paraît. Ah! fatigué!
J' veux êtr' pendu, si pour l'air gai,
Pour l'embonpoint et l' teint vermeil,
Le pèr' Lachaise a son pareil.

Air : Il était une fille.

En mort d' bonn' compagnie,
S'avançant poliment,
Il leur tourne un biau compliment ;
Et la mine ébahie
R'connaissant c' défunt-là...
L' frère et la sœur sont d' là :
Ha!

Air de Gaspard l'Avisé.

L'un s' dit : « C'est lui, la peste m' crève ! »
L'aut' : « C'est l' fantôm' de d'dans mon rêve !
— « Rutwen que j' croyais au tombeau!
« Ho! ho! ho! ho!
— « Quoi! Rutwen s'rait ce fantôm'-là?

« Ha! ha! ha! ha!

« Qu' c'est drôl'! (*bis.*) des chos' comm' ça!...

— « Cher Rutwen, est-c' que tu s'rais toi?...

— « Qui veux-tu que j' sois, si c' n'est moi?

— « Mais c'tapendant j' t'ons ben vu mort.

— « C' qui n'empêch' pas que j' vis encor. »
    Et l' nigaud,
    Comme un sot,
    Toujours d' là...   (*l'air étonné.*)
    Aval' ça.

Air du ménage de Garçon.

« Etant le plus ancien en date,

« Je r'prends mes droits sur ma moitié;

« Mais une affaire délicate

« Veut qu' dès ce soir je sois marié; (*bis.*)

« Mon bonheur, mes jours, tout l' réclame.

« J' t'ouvre mon ame sans détour. »

Et l' Vampire, en ouvrant son ame, ⎱ *bis.*
Ouvre sa bouche comme un four.   ⎰

Air des Découpures.

    Justes dieux!
    Qu'est-ce qu'il a dans l's' yeux?
    C' n'est plus des prunelles...
    C'est comm' de gross's étincelles

Dort le jeu
Ferait, sarpejeu!
R'euler les demoiselles
Les pus fait's au feu.
« Ah! serr' nos, ah! serr' nos, ah! serr' nos nœuds!»
Dit l' gourmand infâme
Qui voudrait souper d' sa femme,
Il n'en f'ra (*bis*.) qu'un r'pas ou deux
S'il a, l' malheureux,
L' ventre aussi creux qu' les yeux.

Air : Écoutez l'histoire entière.

Quoiqu'ça, c'te maigreur lui donne
L'air sentimental;
Et déjà la jeun' personne
Ne l' voit pas trop mal.
Moi-mèm', sans étr' son amie,
J' l'i treuve, à mon gré,
Assez bonn' physionomie
Pour un déterré.

Air : Nous nous verrons demain sur le champ de bataille.

Bref, on fisque au lend'main l' jour de ces nœuds atroces;
La pauvre enfant n' sait point
Qu'ell' jou' son embonpoint,

Et qu' feu m'sieu son mari, la premièr' nuit d' ses noces,

   La suc'ra,

   Ressuc'ra,

  Puis ressuc'ra,

  Puis ressuc'ra,

 Tant qu'il ressuscit'ra

  Ah! ah! ah! ah!

  Et qu'elle périra.

Air : Tout le long, le long de la rivière.

Mais un repas n' lui suffit pas,

Et comm' d'un tendron plein d'appas,

Un d' ses valets doit dans sa terre

Êtr' ce jour-là propriétaire,

A seul' fin de ne pas l' manquer,

Il court bien vite s'embarquer...

Vu qu'on lui dit qu' pour se rendre à sa terre,

L' pus court c'est le long, le long de la rivière,

 L' pus court, c'est le long de la rivière.

Air des Pendus.

La première acte finit là.

Si l's autres n' valont pas mieux qu' ça,

La pièce ne f'ra pas fortune...

Mais faut croir' que, puisque la lune
Y joue un rôle intéressant,
L'intérêt ira z'en croissant.

FIN DU PREMIER ACTE.

ACTE SECOND.

Air : Dans ma chaumière

UNE campagne (*bis*.)
  Vient à nos yeux fair' son effet.
Je vois un' chaumière, un' montagne,
Des arbr's, des herb's, enfin c' qui fait
  Une campagne. (*bis*.)

Air : Cadet Roussel est bon enfant.

Edgard, qu'est l' futur à marier,
Dans le village accourt l' premier
Dire qu' son maîtr' qu'on croyait mort
N' l'est pas, et qu' même il vit encor.
Effrayé d'un' merveill' si neuve,
Chaq' mari veuf et chaq' femm' veuve
« Oh! oh! oh! marmott' tout bas,
« Pourvu que c'te mod' là n' prenn' pas. »

Air : La Faridondaine.

Mais tout d'un coup v'là qu'on entend
　　Des chants, des cris d' guinguette,
C'est tout l' pays dansant, sautant,
　　Qui s'en vient en goguette,
Fêter au son du chalumeau,
　　　Avec le hameau,
　　　Notre *ecce homo*
Qui les r'çoit d'un air attendri,
　　　　Biribi,
A la façon de Barbari,
　　　Mon ami.

Air du Menuet d'Exaudet.

　　　Pauvre Edgard !
　　　L' premier r'gard
　　　Du Vampire,
De ta bell' du haut en bas
A r'luqué les appas,
Et v'là l' mort qui soupire ;
　　　Mais l' futur
　　　Est si sûr
　　　D' sa p'tit' femme,
Qu'il ne cherche pas à voir
C' que l' rev'nant peut avoir

    Dans l'ame ;
« Ce soir, not' contrat se dresse ;
« Seigneur, fait's-nous la promesse
    De daigner
    Y signer...
    — « Oui ; ta belle
« Est, mon cher, un vrai trésor,
« Et je f'rai plus encor
        « Pour elle.
        —- « Quel bonheur,
    « Quel honneur
    « Vous nous faites !
— « Non, qu'il répond, l'œil hagard,
« Pour moi, mon cher Edgard,
« *Les mariag's sont des fêtes.* »
        L' pauvre amant
        Donn' bêt'ment
        Dans la bosse ;
Puis l' mort lui sourit là-d'ssus
D' l'air l' pus gracieux et l' pus
        Féroce.

Air : Tarare Pompon.

Tout l' monde au trépassé
Avec respect propose

Un verre de queuqu' chose...
Ça s'ra bentôt varsé ;
La bière n' peut pas nuire ;
Mais on fait d' vains efforts ;
Son geste a l'air de dire :
    J'en sors.

Air : J'ai vu la meûnière.

J' crois pourtant qu'un rafraîchiss'ment
    Lui s'rait salutaire ,
Car d' plus en plus sensiblement
    Son regard s'altère...
Et Lovett', toujours se sauvant,
A toujours du diable d' ci-d'vant
    Un œil par derrière,   } *bis.*
    Un œil par devant.

Air : Nage toujours, mais n' t'y fie pas.

La danse est à pein' commencée
Que l'ang' barbu malicieusement,
Sur un morceau d' harpe cassée,
Vient pincer sentimental'ment
    Un' romanc' qui
    Finit ainsi :
« Défi'-toi-z-en, jeune fiancée,
    « Crains de succomber ;

« Qui s' laisse tomber
« N' peut pas manquer que d' la gober. » (bis.)

Air : La boulangère a des écus

Impatienté d'un air si lent,
   Et tout pâle d' colère,
Traitant l' musicien d'insolent,
   L' bourgeois atrabilaire,
Sans plus d' respect pour le talent,
     Envoi' faire
      Lanlaire
      L'air lent,
       Faire
      L'air lent
      Lanlaire.

Air : Suzon sortait de son village

Mais d' mieux en mieux v'là qu'il s'enflamme,
Et qu'il s'en vient dire au marié :
« Laisse-moi seul avec ta femme,
« Donne-moi c'te preuv' d'amitié.
— « C' que veut not' maître,
   « Dit l'aut', doit être
   « Un d'voir, un' loi
  « Pour ma femme et pour moi ;
   « Mais, j' vous en prie,

« Dans vot’ caus’rie,
« Tâchez... — Quoi donc?
— « De n’ pas être trop long. »
L’ Vampir’ lui répond qu’ sa fiancée
Dans queuqu’ minutes lui r’viendra,
Et moi, j’ lui réponds qu’il n’ l’aura
Que d’ la s’conde sucée.   (*ter.*)

Air des Trembleurs.

Les v’là seuls... Ah! pauvre p’tite,
Si tu m’en crois, sauv’-toi vite;
Queu chien d’ vertigo l’agite!
Un ch’val n’est pas plus brutal.
Comm’ sa figur’ s’enlumine!
J’ veux que l’ diable m’extermine,
Si l’on n’ croirait à sa mine
Qu’il va tomber du haut mal.

Air : Nage toujours, mais n’ t’y fie pas.

« Objet d’ mon ame et d’ ma pensée,
« J’ sens dans mon cœur l’ feu circuler,
« Vas-tu long-tems rester glacée?
« Vas-tu long-tems m’ laisser brûler?
« N’y a pas d’ témoin... »
Mais v’là que d’ loin
L’ange redit : « Jeune fiancée,

« Crains d' succomber ;
« Qui s' laiss' tomber
« N' peut pas manquer que d' la gober. »

AIR : Lubin a la préférence.

Sur c' coup-là, les grand's bamboches,
    Crispations, contractions,
    Convulsions, contorsions...
Gar' les ceux qui s'raient trop proches...
  Pieds, bras, jamb's et cœtera,
        Tout va ;
Ses ch'veux s' dressent, ses yeux roulent.
« C'est pour moi qu' tes larmes coulent. »
    Et puis les grands pas,
    Et puis les grands bras...
Et puis... mais non... je n'osons pas...
  Si l'on paie au tribunal
Pour qu'il ne s' pass' rien d'immoral,
    Dans aucune espèce
        De pièce,
    J' disons franchement
    Qu' du gouvernement,
    Les jug's en jugeant
    N' volont pas mal l'argent.

Air : C'est un enfant.

« Viens donc, dit-il, ou tu s'ras cause
« Que j' descendrai la garde d'main. »
Puis d' son gousset il tir' queuqu' chose,
Qu'il veut lui mettre dans la main :
« Pas d' bourse, j' suis sage. »
   Et l' Vampire en nage
S' dit, voyant r'venir les violons
   « Dissimulons! » (*bis.*)

Air : Eh! voilà la vie.

On se r'désaltère...
D' parent et témoin
L' marié remplit l' verre.
Lovett' pleur' plus loin...
Tandis que l' Vampire
   Soupire,
   Conspire,
   Soupire
   Et n'aspire
Qu'à la t'nir dans un coin.

Air : Du haut en bas.

Ça n' manque pas,
Et l' malin, qui n' perd pas la carte,

Se dit tout bas :
« Voyons où c' qu'ell' port'ra ses pas. »
Et puis, la voyant qui s'écarte :
« V'là l'heur', dit-il, où faut que j' parte...»
Ça n' manque pas.

Air du Bastringue.

Dépêchez-vous d' boire et d' danser.
J' vous y invite,
Et ben vite ;
Dépêchez-vous de boire et d' danser,
V'là le gâchis qui va commencer.
N' voyant plus l' Vampire, ni Lovette,
Edgard, qui d'puis queuqu' tems les guette,
Quittant bouteille et rigodon,
Part à tout' jambe, et gar' l'oignon !...
Dépêchez-vous d' boire et d' danser,
J' vous y invite,
Et ben vite ;
Dépêchez-vous d' boire et d' danser,
V'là l' gâchis qui va commencer.

Air de la Parole.

D' la frayeur et du saisiss'ment
C'est ici le moment l' pus drôle,
Et c'est ici qu' dans l' firmament

La lun' va bientôt jouer son rôle ;
Et pour ça l'auteur, dans c't endroit,
Aux quinquets f'sant succéder l'ombre,
Fait si bien qu'à peine on se voit,
C' qui, d' sa part, n'est pas maladroit,
Vu qu' moins il fait clair (*bis*) pus c'est sombre.

Air : Eh quoi ! tout sommeille.

Un cris s' fait entendre,
Deux cris s' font entendre,
  Trois cris, quat' cris,
Et tout l' monde surpris,
A pareille esclandre
N' pouvant rien comprendre,
  D' frayeur transi,
S' met à crier aussi.
Moi, qui m'imagine
Que l' Vampir' lutine,
Chiffonn', turlupine
Lovett' sur l' gazon,
Tout haut, v'là que j' crie :
« A-t-on vu, j' vous prie,
« Un mort fair' la vie
  « De c'te façon ? »
Mais v'là qu' la fiancée
A moitié sucée,

Ses cheveux hagards
Et ses beaux yeux épars,
Criant à tu'-tête,
Se sauve d' son bête
D'Urluberlu,
Qu'en veut comme un goulu.

Air : Tontaine, tonton.

Le futur, lui donnant la chasse,
Lui lâche un coup de mousqueton,
Tonton, tonton, tontaine, tonton,
Et vous l' fait pirouetter sur place
Ni plus ni moins qu'un vrai tonton,
Tonton, tontaine, tonton.

Air du Verre.

Sur l' coup on entraîne l' mari,
Qui n' reparaît pas dans l'ouvrage;
On emmène Lorette aussi,
Qui n' reparaît pas davantage;
Et, puisqu' l'auteur était en train,
Que n' nous f'sait-il la politesse
D' fair' disparaître d'un coup d' main
Tous les personnages d' la pièce?

Air de la Sentinelle.

L'astre des nuits, sur ces singuliers bords,
A la vertu rare et particulière
D' ressusciter les gens tout fraîch'ment morts,
Sitôt qu' sur eux il fait luir' sa lumière.
  Aussi dit-on que dans l' pays,
  Quand les femmes ferm'nt la paupière,
  A la demande des maris,   (*bis.*)
  C' n'est qu'à midi qu'on les enterre.

Air : Au clair de la lune.

  « Au clair de la lune, »
  Dit l' mort, « j' veux mourir…
  « Dans mon infortune,
  « Ça me f'ra plaisir.
  « Ma chaleur est morte,
  « Je n'ai plus de feu ;
  « Vite, qu'on m'y porte,
  « Pour l'amour de Dieu ! »

Air : Au coin du feu.

Il d'mande à son beau-frère
Qu' dans l' silence on enterre
    C't accident-là…
Sur quoi, l' beau-frèr' docile

Lui dit d' mourir tranquille,
Qu'on l'enterr'ra.

Air des Pendus.

On l'étale au feu sans pareil
D'un' lun' qui brill' comme un soleil.
Il ferm' les yeux, il pench' la tête,
Un' bonne nuit que je lui souhaite,
Et qu'il peut m' souhaiter pareill'ment,
Car v'là que j' m'endors égal'ment.

FIN DU SECOND ACTE.

ACTE TROISIÈME.

Air des Filles à marier.

Réveillé par un coup d'timbale,
    Au bout d'un bon quart d'heure ou d'deux,
Je r'garde autour d'moi dans la salle,
    Et j'vois qu'on bâille à qui mieux mieux.
D'où c'que j'conclus que dans c'qu'on vient d'entendre,
N'y avait pas d'quoi rir', pleurer, ni frémir, (*bis.*)
Et qu'si queuq'fois l'on n'perd rien pour attendre,
Queuq'fois aussi l'on n'perd rien pour dormir.

Air : Du partage de la richesse.

J'm'éveille au moment où l'cher frère
Est en train de dissimuler :
Il a tant promis de se taire !...
Mais ça n'l'empêch'ra pas d'parler.
J'oubliais l'décor... queu dommage !...
N'y a rien du tout... mais j'vois quoiqu'ça

Qu'un' toil' se lèv'ra pour l' mariage,
Et qu'un' p'tit' chapell' s'ouvrira.

AIR : Colin disait à Lise un jour.

Voyant Aubray l' nez dans l' manteau,
L'œil en d'ssous, l'oreill' dans l'épaule,
Sa sœur lui d'mand' c' qu'il sait d' nouveau,
Pour avoir comm' ça l'air tout drôle ;
    Il dit qu'il n' sait rien :
    Je l' crois, morgué ! bien,
Puisqu'il ne sait pas même son rôle.

AIR du vaudeville du Sorcier.

« Pourquoi, lui dit-ell', mettr' la puce
« A l'oreille de Malvina?
« Vaudrait mieux que tout d' suite j' susse…
— « C'est ben plutôt ell' qu'on suc'ra. »
Bref, au milieu de c'te bell' scène,
Voyant r'paraître l' prétendu
    Qu'il a vu
   Roide mort étendu,
Aubray, qui n' peut croir' qu'il en r'vienne,
Dit à sa sœur en l'entraînant :
    « C'est un r'venant. » (*Quatre fois.*)

Air : Lise aimait le beau Gernance.

« Vois c'te figur' sèche et blême,
« C' n'est plus qu' l'ombre de lui-même,
« C'est son esprit qui revient...
« Malheur à toi, s'il te tient ! »
Rutwen donn' des preuv's sans nombre,
Que dans tout c' qu'il fait et dit
N'y a pas plus d'esprit que d'ombre,
Et pas même ombre d'esprit. (*bis.*)

Air : La fille au coupeur de paille.

« Aubray veut, la chose est claire,
« Mett' ma patience à l'essai,
« Car Aubray sait bien, j'espère,
« Que tout c' que j' lui dis est vrai :
  « Aubray, mon cher Aubray,
« R'connais ton ami, ton frère...
— « Oh! brais tant q' tu voudras...
« Je n' te reconnaîtrai pas.

Air : Un jour à Fanchon j' dis : Ma fille.

— « Sans farc', allons, couronn' ma flamme;
— « Oui, c'est ça, compt' sur l' conjungo
  « Et bois d' l'eau;
« T'es un mort ou t'es un infame,

« Par ainsi, sors
« Ou j' te fais mett' dehors ;
« Ma sœur ne s'ra jamais la femme
     « D'un corps sans ame,
« Ni d'une ame sans corps »

Air : C'est bien naturel.

L' Vampire en prison l' colloque,
Disant qu'il bat la breloque,
Et l' menant comme un forçat,
     C'est-y délicat?   (*bis.*)
Puis Malvina, qui l' voit faire,
A l'emprisonneur d' son frère
Jure un amour éternel...
     C'est ben naturel,
          J'espère,
     C'est ben naturel.   (*bis.*)

Air : Grâce à la mode.

« Puisque tu m'aimes,
 « Puisque j' t'aime aussi,
 « Puisque j' somm's ici
 « Entre nous-mêmes,
 « Viens, courons d' ce lieu
 « A l'autel...

Air : Digo , d'Jeannette.

— « Dieu !
« Puis-j' t'y faire
« Un coup comme ça
« Sans mon frère?...
— « Pour cette affaire
« Il n'a qu' faire là ;
« Deviens ma femme,
« Ou j' suis mort sans r'tour,
« Ma chère ame...
— « Embrass' ta femme,
« Et vis pour l'amour. »

Air : Ciel ! l'univers va-t-il donc se dissoudre ?

Là-d'ssus, un air que l'orchestre nous racle ;
Puis pour l' serment
De l'amante et d' l'amant,
Un' chapell' s'ouvr' par miracle,
Et j'allions voir un pestacle
A peu d' chos' près gai comm' un enterr'ment ;
Quand l' frère emprisonné,
Qu'a, non sans peine,
Rompu sa chaîne,
Accourt en scène
Comme un déchaîné,

Air : Ah ! comm' c'est drôle !

Furieux, Rutwen veut l' fair' périr,
   Mais une heur' sonne,
Et d' la frayeur qu'il a d' mourir,
   L' défunt frissonne...
Mais c'est ben pis, quand, après ça,
Il voit d' chaqu' fille qu'il suça
   L'ombre qui l'environne
Et qui lui dit : « Rutwen, viens çà...
« Tu n' suc'ras plus personne. »

Air du Lendemain.

  Il s' refuse à les suivre,
  Il fait façon sur façon...
  C'est si dur de n' pus vivre ;
  Ell's n'entendont pas raison.
  Il leur jure sur sa tête
  De n' pus être un mécréant ;
  Mais néant à la requête,
    Néant ! néant !

Air des Pendus.

Par un feu d'artific' fort beau
L' Vampire r'descend dans l' tombeau !

<table><tr><td>iii.</td><td align="right">10.</td></tr></table>

Mais mon avis, c'est qu' c'est l' parterre
Qu'aurait dû seul le mettre en terre,
Et je l' donn' pour ben enterré,
S'il ne r'vient que quand je r'viendrai.

FIN DU TROISIÈME ET DERNIER ACTE.

A M. DE PIIS,

EN VOYAGE DANS LE DÉPARTEMENT DE LA CREUSE,
POUR L'INVITER A REVENIR PRÉSIDER LA SOCIÉTÉ
DU CAVEAU MODERNE.

AIR : Ermite, bon ermite.

A l'enfant d'Épicure
Honneur et prompt retour !
Que le ciel lui procure
Jours de paix, nuits d'amour !
Aux échos qui savourent
Les doux chants de son luth,
Aux Zéphyrs qui l'entourent,
Plaisir, gloire et salut !
Ermite, aimable ermite,
Écoute ton troupeau
Qui t'appelle et t'invite

A rendre vite
La vie au Caveau.

Assis sur tes montagnes,
Tu suis d'un œil joyeux
L'agneau dans les campagnes
Et l'oiseau dans les cieux.
Des ruisseaux le murmure,
Les bonds du cerf léger
Charment ton ame pure...
Apollon fut berger.
Ermite, aimable ermite,
Écoute ton troupeau
Qui t'appelle et t'invite
    A rendre vite
La vie au Caveau.

Cythère et le Parnasse
Implorent ton retour,
Et Momus à ta place
Te rappelle à son tour.
Sans toi les cœurs languissent,
L'appétit est contraint,
Les ébats s'attiédissent,
La soif même s'éteint.
Ermite, aimable ermite,

Écoute ton troupeau
Qui t'appelle et t'invite
A rendre vite
La vie au Caveau.

COUPLETS

POUR LA FÊTE DE DUCRAY-DUMINIL,

LE JOUR DE SAINT FRANÇOIS, SON PATRON.

AIR : J'arrive à pied de Province.

PUISQUE c'est François que s' nomme
   Ducray-Duminil,
Faut détacher à c' brave homme
   Une chanson qu'ait l' fil ;
J' n'avons pas la suffisance
   D' nous croire d' la voix,
Mais il aura d' l'indulgence :
   C'est un bon François.

François Premier fut un prince
   Aussi bon qu' puissant ;
Not' ami, qui n'est pas mince,
   N'est pas moins bienf'sant ;

Et la belle ferronnière
   Dont c' monarqu' fit choix,
Ne vaut pas la parsonnière
   D' not' ami François.

Jarni! c'est qu' faut voir la trogne
   De ce luron-là!
C' n'est point qu' ça soit z'un ivrogne :
   Incapable d' ça;
Mais à son ventre d' chanoine,
   A son air grivois,
On s' dit : c'est l' fils d' saint Antoine,
   Ou ben d' saint François.

Ici, l'on viendrait d'une lieue
   Sans en êt' prié;
Pour François y a toujours queue
   Comm' pour sa moitié;
C'est l' plaisir qui nous y attire,
   Et pas d' jour dans l' mois
Qu' l'amour ou l'amitié n' tire
   L' cordon d' saint François.

François est rond en affaires,
   Rond en embonpoint,
Rond en discours, en manières,
   Bref, rond en tout point;

Et quoiqu'en amour je l' pense
　　Un rusé matois,
Moi, j' suis franc, gn'y a point z'en France
　　Un meilleur François.

ÉPITRE

ADRESSÉE A M. LE DOCTEUR D***.

—

Mon cher ami, ce n'est plus pour le père
    Que je viens réclamer tes soins ;
Boire et manger, voilà ses seuls besoins…
Et sans ton art il peut les satisfaire…
    C'est pour la fille qu'aujourd'hui
    Avec ardeur je sollicite
    Ta complaisance, ta visite,
    Ton ordonnance et ton appui,
    Devant qui le mal fuit si vite !

Estelle qui, dit-on, me ressemblait si bien,
Comptant maintenant l'heure où l'on dîne… pour rien,
N'aspire en se levant qu'à celle où l'on se couche ;
L'aspect d'un gai festin n'a plus rien qui la touche,

Et ce portrait n'est pas le mien...
« On peut avoir la même bouche,
« Sans avoir le même appétit, »
Diras-tu... je le sais ; mais cela m'inquiète...
Et, vrai... depuis ce changement maudit,
Je ne suis plus dans mon assiette.
Elle pâlit, elle maigrit...
En quoi nous différons encore...
Car chaque jour ma face se colore,
Et chaque jour mon ventre s'arrondit.
Viens donc, par ton savoir, fruit de tes longues veilles,
Lui rendre ses couleurs vermeilles,
Cet heureux goût du bon... sans lequel il n'est point
De gaîté, de fraîcheur, de plaisir, d'embonpoint :
Viens aussi délivrer sa petite poitrine
D'une petite toux qui souvent la chagrine...
Viens lui rendre en un mot cette belle santé
Dont le bienfait déjà fut deux fois ton ouvrage ;
Viens, dussé-je en retour, par un juste partage,
T'admettre aux doux honneurs de ma paternité.

ABONNEZ-VOUS [1].

———

Air : Rien n'était si joli qu'Adèle.

MIL huit cent dix cède sa place,
   Saint Sylvestre est là
   Pour lui crier : holà !
Mais peu nous importe cela;
      Et jusqu'au bout
      Riant de tout,
   Avec nos flacons
   Nous nous moquons
   Du tems qui passe ;
   Et vite chez nous,
Jeunes et vieux, abonnez-vous.

Qu'un coup du sort pour nous dérange
   D'un plus doux destin

[1] Cette chanson fut faite pour un recueil qui paraissait tou
les mois sous le nom de l'ÉPICURIEN.

L'espoir trop incertain,
Tournant les yeux vers ce festin,
Et jusqu'au bout
Riant de tout,
Avec nos flacons
Nous nous moquons
Du sort qui change ;
Et vite chez nous,
Gens à projets, abonnez-vous.

J'entends crier de par le monde :
Ces Épicuriens
Sont tous de francs vauriens.
Mais ces propos-là sont des riens ;
Et jusqu'au bout
Riant de tout,
Avec nos flacons
Nous nous moquons
Du fat qui gronde ;
Et vite chez nous,
Mauvais sujets, abonnez-vous.

Partisans de toutes les belles,
Voyons-nous un jour
Échouer notre amour,
Changeant et d'idole et de cœur,

Et jusqu'au bout
Riant de tout,
Avec nos flacons
Nous nous moquons
Des plus rebelles;
Et vite chez nous,
Joyeux Faublas, abonnez-vous.

Puisqu'il faut qu'ici bas tout meure,
Lorsqu'un vieux brutal
Succombe au coup fatal,
Bien loin de déplorer son mal,
Et jusqu'au bout
Riant de tout,
Avec nos flacons
Nous nous moquons
Du sot qui pleure;
Et vite chez nous,
Veuves en deuil, abonnez-vous.

Qu'au théâtre un méchant persiflle,
A tort, à travers
Notre prose et nos vers,
Pour nous c'est un faible revers,
Et jusqu'au bout
Riant de tout,

Avec nos flacons
Nous nous moquons
Du vent qui siffle ;
Et vite chez nous ,
Jeunes auteurs , abonnez-vous.

Aucun, du plus vieux au plus jeune ,
Sans avoir mangé
De nous ne prend congé :
C'est un sacrifice obligé ;
Et jusqu'au bout
Riant de tout ,
Avec nos flacons
Nous nous moquons
Du fou qui jeûne ;
Et vite chez nous ,
Restaurateurs , abonnez-vous.

Aucuns besoins ne nous tourmentent ,
Jamais courtisans
N'obtiennent notre encens ;
Comptant peu sur les gens puissans ,
Et jusqu'au bout
Riant de tout ,
Avec nos flacons
Nous nous moquons
Des grands qui mentent ;

Et vite chez nous,
Solliciteurs, abonnez-vous.

Nous trouvons-nous, par aventure,
    Dépourvus d'argent
  Dans un besoin urgent,
Nous fermons la porte au sergent ;
      Et jusqu'au bout
      Riant de tout,
    Avec nos flacons
      Nous nous moquons
      Du juif qui jure ;
      Et vite chez nous,
Paniers percés, abonnez-vous.

Chez Plutus chacun se faufile ;
      Mais le plus souvent
    Ses faveurs sont du vent...
Nous, aussi gais après qu'avant,
      Et jusqu'au bout
      Riant de tout,
    Avec nos flacons
      Nous nous moquons
      De l'or qui file ;
      Et vite chez nous,
Pauvres rentiers, abonnez-vous.

Notre table, toujours féconde
En liqueurs et mets,
Ne tarira jamais...
Toujours buveurs, toujours gourmets,
Et jusqu'au bout
Riant de tout,
Avec nos flacons
Nous nous moquons
De tout le monde ;
Et vite chez nous,
Europe entière, abonnez-vous.

Quelques couplets de cette chanson ont été imprimés dans
l'*Épicurien Français*, premier trimestre 1811 ; nous la donnons
ici en entier, d'après le manuscrit de l'auteur.

CADET BUTEUX

A L'ENTERREMENT DE MLLE RAUCOURT.

AIR : Faut d' la vertu, pas trop n'en faut.

Faut êt' dévot, pas trop ne l'faut, ⎫
L'excès en tout est un défaut. ⎭ *bis.*

V'là c' que les paroissiens en masse
Devant Saint-Roch criaient l'aut' jour ;
Et moi, sans trop savoir c' qui s' passe,
Bien plus fort qu'eux j' crie à mon tour :
Faut êt' dévot, pas trop ne l' faut, ⎫
L'excès en tout est un défaut. ⎭ *bis.*

On m' dit qu' c'est une actric' qu'est morte
Et qui d'mande un *de profundis ;*
Mais on n'veut pas l'i ouvrir la porte
Du ch'min qui mène en Paradis....

Faut èt' dévot, pas trop ne l' faut,　} bis.
L'excès en tout est un défaut.

Pourquoi l' corps de c'te pauvre femme
D' l'église serait-il banni,
Pisqu' huit jours avant d' rendre l'ame,
Elle avait rendu l' pain béni?
Faut èt' dévot, pas trop ne l' faut,　} bis.
L'excès en tout est un défaut.

Plus d'un' fois, avec son aumône,
Saint Roch secourut l'indigent....
Pourquoi donc r'fuser la personne
Dont on n'a pas r'fusé l'argent?
Faut èt' dévot, pas trop ne l' faut,　} bis.
L'excès en tout est un défaut.

N'y a qu'un' dévotion qui soit bonne ;
C'est cell' qui nous dit d' fair' le bien...
J'aime mieux un païen qui donne,
Qu'un chrétien qui ne donne rien.
Faut èt' dévot, pas trop ne l' faut,　} bis.
L'excès en tout est un défaut.

Parc' qu'elle a joué la targédie,
L'église ne veut pas l'avouer ;

J'tez donc Racine à la voirie ;
Car c'est là qui l'i f'sait jouer.
Faut êt' dévot, pas trop ne l' faut,　　} *bis.*
L'excès en tout est un défaut.

Voyez un peu l' danger d' l'exemple :
A l'instant je r'cevons l'avis
Que l'chien d' saint Roch, hier, du Temple
A fait chasser l' chien d' Montargis.
Faut êt' dévot, pas trop ne l' faut,　　} *bis.*
L'excès en tout est un défaut.

COUPLETS

Air : Vive le vin, vive l'amour.

C'est dans la rue
Du Mont-Blanc
Que loge un garçon jeune et franc,
Dont l'amitié nous est connue.
Dans sa maison, toujours pourvue,
On voit renaître à volonté
Et le plaisir qu'on a goûté,
Et la liqueur que l'on a bue.

L'heureux commerce
Du gaillard
Fournit même, avec le nectar,
Le vase où notre main le verse ;

Et, grâces à l'état qu'exerce
Ce bon buveur, ce franc luron,
Plus d'un tonneau, plus d'un tendron
S'est, tour à tour, vu mettre en perce.

Cet ami tendre
Pend chez lui
Une crémaillère aujourd'hui :
Chez lui hâtons-nous de nous rendre ;
Car, pour fripons dût-on nous prendre,
Chers compagnons, sans contredit,
Quand de crémaillère il s'agit,
Nous sommes tous des gens à pendre.

Ici je brave
Le chagrin,
Les ennuis, la soif et la faim,
Dont l'espèce humaine est esclave ;
Ici le plaisir, sans entrave,
Trouve, pour combler son espoir,
Chambre à coucher, salon, boudoir,
Salle à manger, cuisine et cave.

ILS SONT CHEZ EUX.

Air de M. Alexandre Piccini.

Que l'on envoie à Tivoli
Jeune fat, beauté surannée,
Un gourmand au café Hardi,
Un bel esprit à l'Athénée,
A Charenton vieil amoureux,
Vieille coquette aux Incurables,
Maris jaloux à tous les diables,
    Ils sont chez eux.

Chez nos jeunes gens c'est en vain
Qu'un malheureux créancier sonne :
Il a beau se lever matin,
Il ne trouve jamais personne ;
Mais qu'un tête-à-tête amoureux
Leur amène jeune fillette,

Ah ! pour acquitter cette dette,
   Ils sont chez eux.

Combien voyons-nous aujourd'hui
De ces gens nommés parasites,
Fondant sur la table d'autrui
Les intérêts de leurs visites !
Chez nous, par leur estomac creux,
Avertis de l'heure où l'on dîne,
Entre la cave et la cuisine,
   Ils sont chez eux.

Conduisez nos jeunes Français
Dans les camps poudreux de Bellone ;
Armez leurs bras et placez-les
Sous le feu de l'airain qui tonne :
Là, faites briller à leurs yeux
L'espoir d'un trépas plein de gloire,
Entre l'honneur et la victoire
   Ils sont chez eux.

De sa liberté quand pour vous
La beauté fait le sacrifice,
N'imitez pas certains époux
Chez qui bientôt l'ennui se glisse,

Qui, las, au bout d'un mois ou deux,
Des plaisirs purs que le cœur donne,
Presque jamais, quand l'amour sonne,
Ne sont chez eux.

LE FACTOTUM.

OU LE PERRUQUIER GASCON.

Air : Allons au bois.

Faut-il
Saisir le fil
De quelque plan à votre insu
    Tissu ?
    Faut-il
    D'un alguasil
Dérouter l'œil qui jour et nuit
    Vous suit?
    Faut-il
    Au plus subtil
Damer, en habile champion,
    Le pion?
Allez trouver Frisac,
    Crac....
Votre affaire est dans le sac.

D'un fat
Ou d'un pied-plat
Faut-il rabattre, en un clin d'œil,
L'orgueil?
Vainqueur
D'un jeune cœur,
Voulez-vous obtenir sa main
Demain?
Par un
Sort trop commun,
Avez-vous un besoin urgent
D'argent?
Allez trouver Frisac,
Crac....
Votre affaire est dans le sac.

Enfin,
Mourant de faim,
Voulez-vous soudain déjeûner,
Dîner?
Ou bien,
En moins de rien,
Faut-il rendre à vos cheveux blancs
Vingt ans?
Partout,
Utile à tout,

Traiteur, perruquier, gazetier,
Courtier,
Allez trouver Frisac,
Crac....
Votre affaire est dans le sac.

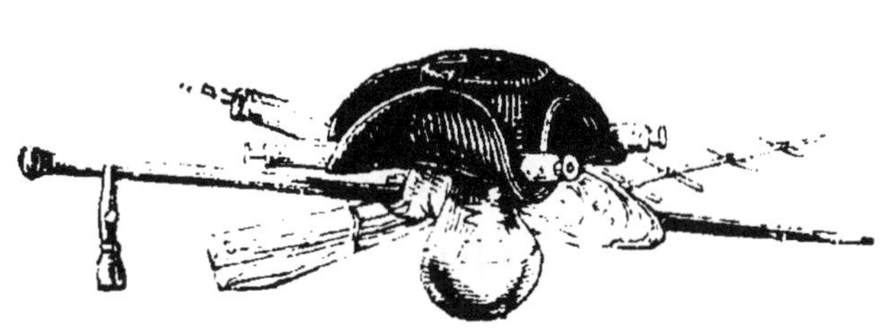

ADÈLE ET LUCAS.

Air breton.

Rien n'était si joli qu'Adèle,
    Qui, grâce à Lucas,
    Arrivait à grands pas
A l'âge où l'Amour dit tout bas :
        Amusez-vous,
        Belle aux yeux doux,
        Amusez-vous,
        Trémoussez-vous,
    Amusez-vous, belle ;
        Amusez-vous,
        Ne craignez rien,
    Trémoussez-vous bien.

Un jour Lucas surprit Adèle
    Au fond d'un p'tit bois,

Où l' drôle, en tapinois,
Lui chanta pour la premièr' fois :
    Amusez-vous,
    Belle aux yeux doux,
    Amusez-vous,
    Trémoussez-vous,
    Amusez-vous, belle ;
    Amusez-vous,
    Ne craignez rien,
    Trémoussez-vous bien.

Ce r'frain amusa tant Adèle,
    Qu'avant de s'quitter,
    Sans pouvoir s'arrêter,
Elle et Lucas n'firent qu' chanter :
    Amusez-vous,
    Belle aux yeux doux,
    Amusez-vous,
    Trémoussez-vous,
    Amusez-vous, belle ;
    Amusez-vous,
    Ne craignez rien,
    Trémoussez-vous bien.

Mais un soir qu' sur l'herbe nouvelle
    Adèl' chantait ça,

Un gros loup la croqua....
Fillett's, d'après cett' leçon-là,
Méfiez-vous
D'ce r'frain si doux :
Amusez-vous,
Trémoussez-vous,
Amusez-vous, belle ;
Amusez-vous,
Ne craignez rien,
Trémoussez-vous bien.

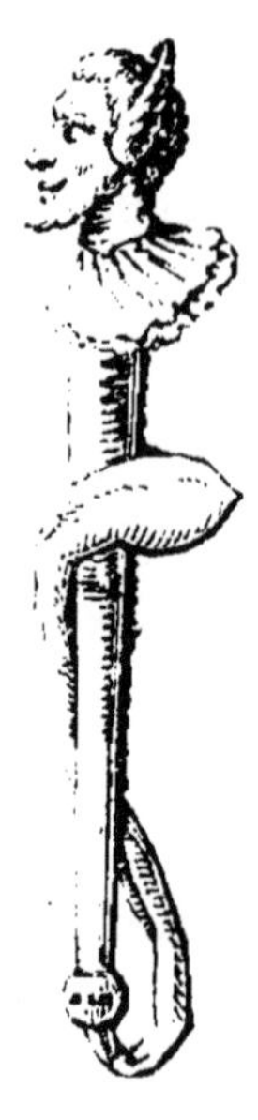

LE LOUP N'EST PAS SI MÉCHANT.

Vous vous souv'nez d'la pauvre Adéle,
Qui chantait tant le r'frain d' Lucas ;
Quoiqu'un loup eût croqué la belle,
Vous saurez qu'ell' n'en mourut pas,
    Et partout,
   En se gaussant d'elle,
   On disait : Mam'selle
   A donc vu le loup !...
    Mais c'tapendant,
   En gaussant d' la sorte ,
   Chaque fille au champ
   S'en allait chantant :
Drès qu'Adèl' n'est pas morte,
L' loup n'est pas si méchant.

Par la curiosité piquée,
Suzon un soir, en tapinois,
Au risque de se voir croquée,
Va trouver l' loup au fond du bois.
     Pour Suzon
    Ce croqueur de filles,
    C't effroi des familles,
    Fut un vrai mouton....
     V'là qu' l'événement
    Dans l' pays s' rapporte,
    Claudine l'entend
    Et s' dit en souriant :
   Drès qu' Suzon n'est pas morte,
   L' loup n'est pas si méchant.

L' lend'main Claudin', en petit' bavarde,
S'en va criant dans tout l' canton,
Que l' loup, dont tout le monde se garde,
N'est autre chose qu'un mouton.
     V'là qu' sur c' mot
    Thérèse, Jeannette,
    Victoire, Fanchette,
    Javotte, Margot,
     Au bois vit'ment
    Courent sans escorte,
    Et l' soir gaîment

Revienn'nt en chantant :
Drès qu' pas un' n'en est morte,
L' loup n'est pas si méchant.

Au bout d' queuqu's jours, vite et pour cause,
Fallut marier tous ces minois ;
D'autres minois, plus frais qu' la rose,
Vinrent au monde au bout d' queuqu's mois.
    Et par nous
  Chaqu' fillette instruite,
  Loin d' prendre la fuite
  Quand on parle d' loups,
   Dit tout bonn'ment,
 Sitôt qu'on l'exhorte
  A fuir sagement :
Drès qu' maman n'est pas morte,
L' loup n'est pas si méchant.

A MON AMI HYPPOLITE.

Je suis gai, bien gai, très gai, fort gai,
   Et jamais fatigué
Quand je chante Hyppolite ;
Je suis gai, bien gai, très gai, fort gai ;
   Qui plus que lui mérite
   D'être harangué ?

   Haranguons-le donc
Ce joyeux vénérable,
   Ce bon vivant dont
La franchise est le don.
   Je n'hésite point,
Et grâces à sa table,
   Quoiqu'en embonpoint
Il me gagne d'un point,

Je suis gai, bien gai, très gai, fort gai,
    Et jamais fatigué
    Quand je chante Hyppolite;
Je suis gai, bien gai, très gai, fort gai;
    Qui plus que lui mérite
      D'être harangué?

      Qu'il est doux de voir
    Sa famille chérie
      Obéir ce soir
    Au plus tendre devoir!
      Et de tems en tems
    Chaque ami, chaque amie
      Et chaque parent,
    S'écrier en pleurant :
Je suis gai, bien gai, très gai, fort gai,
    Et jamais fatigué
    Quand je chante Hyppolite;
Je suis gai, bien gai, très gai, fort gai;
    Qui plus que lui mérite
      D'être harangué?

      S'il vivait, vraiment
    Le joyeux Démocrite
      En ce doux moment
    Doublerait d'enjoûment;

Et moins sérieux
Le pleureur Héraclite
Devant ce vin vieux
Dirait, séchant ses yeux :
Je suis gai, bien gai, très gai, fort gai,
Et jamais fatigué
Quand je chante Hyppolite ;
Je suis gai, bien gai, très gai, fort gai ;
Qui plus que lui mérite
D'être harangué ?

Si demain, ma foi,
Je suis réduit à suivre,
Quoique malgré moi,
Un lugubre convoi,
Je crains franchement
De chanter encore ivre,
Machinalement
Suivant l'enterrement :
Je suis gai, bien gai, très gai, fort gai,
Et jamais fatigué
Quand je chante Hyppolite ;
Je suis gai, bien gai, très gai, fort gai ;
Qui plus que lui mérite
D'être harangué ?

Quand nous sortirons
Et que sur quelque place
Nous chancellerons,
Tomberons, ronflerons,
Si, nous voyant soûls
La garde nous ramasse,
Nous disant : qu'êt' vous?
Amis, répondons tous :
Je suis gai, bien gai, très gai, fort gai,
Et jamais fatigué
Quand je chante Hyppolite;
Je suis gai, bien gai, très gai, fort gai,
Qui plus que lui mérite
D'être harangué ?

UN PEU D'ADRESSE.

Un peu d'adresse
  Sur terre est le premier trésor ;
Et tel fat, dont l'éclat nous blesse,
Eût-il pris un si grand essor,
S'il n'eût pas joint à beaucoup d'or
  Un peu d'adresse ?

  Un peu d'adresse
Est la devise de l'Amour,
Et vous amans dont la tendresse
N'obtint jamais aucun retour,
Que n'aviez-vous, le premier jour,
  Un peu d'adresse ?

Un peu d'adresse
De l'hymen entretient les nœuds :
Combien d'époux que l'on délaisse ,
Sur leur sort ouvriraient les yeux ,
Si leurs belles n'avaient pour eux
Un peu d'adresse !

LA DANSE.

Air : La vie la plus jolie

En France,
C'est à la danse
Que la beauté
Doit sa gaîté,
Ses grâces, sa légéreté.
Folie,
Douce harmonie,
Désordre heureux,
Trouble amoureux,
Du bal
Y donne le signal.
La danse
Bientôt recommence ;
On se balance,
Et l'on s'élance

Comme l'éclair
Qui fend l'air.
On se sépare,
Puis on s'égare,
Et de plus d'un faux pas
L'Amour se rit tout bas.
En France,
C'est à la danse
Que la beauté
Doit sa gaîté,
Ses grâces, sa légèreté.
Folie,
Douce harmonie,
Désordre heureux,
Trouble amoureux,
Du bal
Y donne le signal.

Bacchus avec adresse
Des cœurs double l'ivresse,
Et d'un plus doux plaisir
Fait naître le désir.
En France,
C'est à la danse
Que la beauté
Doit sa gaîté,

Ses grâces, sa légèreté.
Folie,
Douce harmonie,
Désordre heureux,
Trouble amoureux,
Du bal
Y donne le signal.

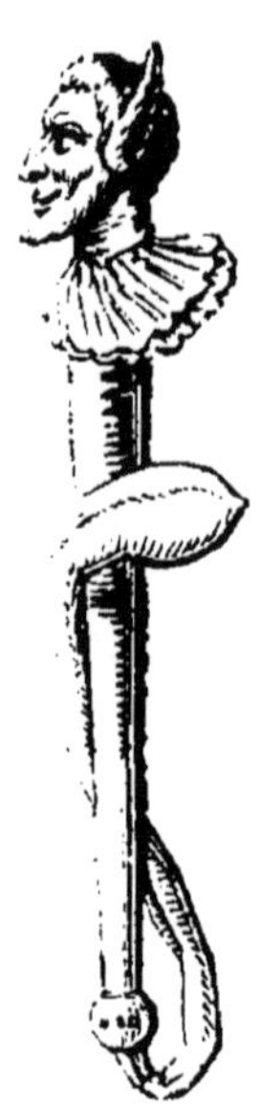

PHILOSOPHIE

D'UN SEXAGENAIRE.

A soixante ans on ne doit pas remettre
L'instant heureux qui promet un plaisir ;
Plus tard le sort voudra-t-il nous permettre
De le rejoindre et de le ressaisir ?   (*bis.*)
Sur l'avenir je ne compte plus guère,
Le présent seul à mon âge est certain ;   (*bis.*)
Mon plus beau jour est celui qui m'éclaire :
Car les vieillards n'ont pas de lendemain. (*bis.*)

Si le destin veut prolonger ma vie,
Je me résigne à ses sages décrets ;
Mais mourir vieux n'est pas ce que j'envie :
L'âge souvent amène des regrets.   (*bis.*)

Chacun son sort, est la règle du sage ;
Contentons-nous d'égayer nos instans.   (*bis.*)
Celui qui plie à soixante ans bagage,
S'il vécut bien, vécut assez long-tems.   (*bis.*)

LES REPAS DE NOS PERES.

Festins où le Champagne pleut,
Chère abondante et délicate,
Vases dorés, vaisselle plate,
Voilà ce qu'aujourd'hui l'on veut.
Petites tables, larges verres,
Vins naturels et mets bien sains,
Voilà comme, sans médecins,
   Vivaient jadis nos pères.

A table, loin de discuter
Et de faire assaut d'éloquence,
On n'affichait d'autre science
Que celle de boire et chanter.

 14

Maintenant de graves chimères
Gâtent le vin que nous buvons :
C'est que maintenant nous avons
Plus d'esprit que nos pères.

VOILA COMME L'ESPRIT VIENT.

N e v'là pas deux mois encore
Qu' j'étais sott' comm' je n' sais quoi !
On m'app'lait p'tite pécore,
Et tout chacun s' moquait d' moi.
J' leur répondais en colère :
Est-c' que l'esprit pouss' comm' ça ?
Gny a tems pour tout : laissez faire…
P'tit à p'tit, j' sens qu' ça m' viendra.

Chez nous l'aut' jour, sans qu' j'y pense,
Benjamin arrive, et v'là
Qu' tout en badinant il m' lance
R'gards par-ci, p'tits mots par-là :
Ma têt' brûle, mon sang s' fige ;
Qu'est-c' qu' c'est donc que l' mal qui m' tient ?

Si c'est d' l'esprit , mon dieu ! m' dis-je ,
Qu' ça fait mal quand ça vous vient !

D'puis c' moment, ma p'tit' cervelle
A d'mi-mot sait tout saisir.
J' veux toujours paraît' plus belle ;
Vrai , je m' forme à fair' plaisir.
Plus j'avance, plus je trouve
Queuq' chose en moi d'inconnu....
Je n' sais pas trop c' que j'éprouve ;
Mais j' sens ben qu' l'esprit m'est v'nu.

LA JOURNÉE D'UN ÉLÉGANT.

Air : Séjour d'amour.

ARIS,
Des ris
Douce retraite,
Charme mes loisirs,
Pique mes désirs
Par un essaim de plaisirs,
Qui tous,
Jaloux
De ma conquête,
Semblent s'inviter
Pour se disputer
Le pouvoir de m'enchanter.

A chaque aurore
Qui vient d'éclore,

Plus fraîche encore
Lisette, en secret,
  Vient et m'apporte
  Lettre ou... n'importe,
  Et puis remporte
Un baiser discret.

  Mon cheval,
Superbe animal,
A mon lever, m'attend, m'emporte et vole ;
  Il fend l'air,
Plus prompt que l'éclair,
C'est le rival, c'est le vainqueur d'Éole.
  Au retour,
Beauté faite au tour,
  A son tour
Gaîment me propose
  Un joli
Déjeûner qu'arrose
  Le Chably,
Le Beaune ou l'Ay.

  Après
  Les frais
Que j'ai dû faire,
Je pars en chantant ;

Un concert m'attend :
Je n'y reste qu'un instant.
J'entre au
Caveau ,
Où sur la guerre ,
Buvant du scubac ,
Prenant du tabac ,
Je parle *ab hoc et ab hac*.
J'entends qu'on vante
Les mets qu'invente
La main savante
D'un maître d'hôtel ;
Comus m'invite ,
Bacchus m'excite ,
Et je cours vite
Encenser leur autel.

L'Opéra ,
Comique ou buffa ,
A du nouveau , j'y suis indispensable.
Jusqu'au bout
Je critique tout ;
Car applaudir est d'un ton détestable.
Pour un thé
Le soir invité ,
L'écarté ,

Qu'un perdant déserte,
Me séduit,
Et, de perte en perte,
Me conduit
Jusques à minuit.

Alors
Je sors,
Car c'est d'usage,
L'instant obligé,
Où l'homme rangé
De son monde prend congé;
Et dé-
cidé
A rester sage,
Je regagne enfin
L'hôtel du Dauphin,
Au plus tard... le lendemain.

TABLEAU DE PARIS

A CINQ HEURES DU MATIN.

L'ombre s'évapore,
Et déjà l'aurore
De ses rayons dore
Les toits d'alentour ;
Les lampes pâlissent,
Les maisons blanchissent,
Les marchés s'emplissent :
On a vu le jour.

De la Villette,
Dans sa charrette,
Suzon brouette
Ses fleurs sur le quai,

Et de Vincenne
Gros-Pierre amène
Ses fruits que traîne
Un âne efflanqué

Déjà l'épicière,
Déjà la fruitière,
Déjà l'écaillère
Saute à bas du lit,
L'ouvrier travaille,
L'écrivain rimaille,
Le fainéant bâille,
Et le savant lit.

J'entends Javotte,
Portant sa hotte,
Crier : Carotte !
Panais et chou-fleur !
Perçant et grêle,
Son cri se mêle
A la voix frêle
Du noir ramoneur.

L'huissier carillonne,
Attend, jure, sonne,
Ressonne, et la bonne,

, Qui l'entend trop bien,
Maudissant le traître,
Du lit de son maître
Prompte à disparaître,
Regagne le sien.

Gentille, accorte,
Devant ma porte
Perrette apporte
Son lait encor chaud ;
Et la portière,
Sous la gouttière,
Pend la volière
De dame Margot.

Le joueur avide,
La mine livide
Et la bourse vide,
Rentre en fulminant ;
Et, sur son passage,
L'ivrogne, plus sage,
Rêvant son breuvage,
Ronfle en fredonnant.

Tout, chez Hortense,
Est en cadence ;

On chante, danse,
Joue, *et cœtera...*
Et sur la pierre
Un pauvre hère,
La nuit entière,
Souffrit et pleura.

Le malade sonne,
Afin qu'on lui donne
La drogue qu'ordonne
Son vieux médecin,
Tandis que sa belle,
Que l'amour appelle,
Au plaisir fidèle,
Feint d'aller au bain.

Quand vers Cythère
La solitaire,
Avec mystère,
Dirige ses pas,
La diligence
Part pour Mayence,
Bordeaux, Florence,
Ou les Pays-Bas.

« Adieu donc, mon père ;
« Adieu donc, mon frère ;

« Adieu donc , ma mère.
— « Adieu , mes petits. »
Les chevaux hennissent ;
Les fouets retentissent ;
Les vitres frémissent :
Les voilà partis.

Dans chaque rue
Plus parcourue,
La foule accrue
Grossit tout à coup :
Grands, valetaille,
Vieillards, marmaille,
Bourgeois, canaille,
Abondent partout.

Ah ! quelle cohue !
Ma tête est perdue,
Moulue et fendue ;
Où donc me cacher ?
Jamais mon oreille
N'eut frayeur pareille...
Tout Paris s'éveille...
Allons nous coucher.

TABLEAU DE PARIS

A CINQ HEURES DU SOIR.

———

Même air.

En tous lieux la foule
Par torrens s'écoule ;
L'un court, l'autre roule ;
Le jour baisse et fuit.
Les affaires cessent ;
Les dîners se pressent ;
Les tables se dressent ;
Il est bientôt nuit.

Là, je devine
Poularde fine,
Et bécassine,
Et dindon truffé ;

Plus loin je hume
Salé, légume,
Cuits dans l'écume
D'un bœuf réchauffé.

Le sec parasite
Flaire... et trotte vite
Partout où l'invite
L'odeur d'un repas ;
Le surnuméraire
Pour vingt sous va faire
Une maigre chère
Qu'il ne paiera pas.

Plus loin, qu'entends-je ?
Quel bruit étrange
Et quel mélange
De tons et de voix !
Chants de tendresse,
Cris d'allégresse,
Chorus d'ivresse
Partent à la fois.

Les repas finissent ;
Les teints refleurissent ;
Les cafés s'emplissent ;

Et trop aviné,
Un lourd gastronome
De sa chute assomme
Le corps d'un pauvre homme
Qui n'a pas dîné.

Le moka fume,
Le punch s'allume,
L'air se parfume ;
Et de crier tous :
 « Garçons, ma glace !
 « Ma demi-tasse !....
 « Monsieur, de grâce,
« *Paris* après vous. »

Les journaux se lisent ;
Les liqueurs s'épuisent ;
Les jeux s'organisent ;
Et l'habitué,
Le nez sur sa canne,
Approuve ou chicane,
Défend ou condamne
Chaque coup joué.

La tragédie,
La comédie,

La parodie,
Les escamoteurs;
Tout, jusqu'au drame
Et mélodrame,
Attend, réclame
L'or des amateurs.

Les quinquets fourmillent;
Les lustres scintillent;
Les magasins brillent;
Et, l'air agaçant,
La jeune marchande
Provoque, affriande
Et de l'œil commande
L'emplette aux passans.

Des gens sans nombre
D'un lieu plus sombre
Vont chercher l'ombre
Chère à leur desseins.
L'époux convole,
Le fripon vole,
Et l'amant vole
A d'autres larcins

Jeannot, Claude, Blaise,
Nicolas, Nicaise,

Tous cinq de Falaise
Récemment sortis,
Élevant la face,
Et cloués sur place,
Devant un Paillasse
S'amusent *gratis*.

La jeune fille,
Quittant l'aiguille,
Rejoint son drille
Au bal de *Lucquet*;
Et sa grand'-mère
Chez la commère
Va coudre et faire
Son cent de piquet.

Dix heures sonnées,
Des pièces données
Trois sont condamnées
Et se laissent cheoir.
Les spectateurs sortent,
Se poussent, se portent..
Heureux s'ils rapportent
Et montre et mouchoir !

« Saint-Jean, la Flèche,
« Qu'on se dépêche....

« Notre calèche !
« Mon cabriolet ! »
Et la livrée,
Quoiqu'enivrée,
Plus altérée
Sort du cabaret.

Les carrosses viennent,
S'ouvrent et reprennent
Leurs maîtres qu'ils mènent
En se succédant ;
Et d'une voix âcre,
Le cocher de fiacre
Peste, jure et sacre
En rétrogradant.

Quel tintamare !
Quelle bagare !
Aux cris de *gare*
Cent fois répétés,
Vite on traverse,
On se renverse,
On se disperse
De tous les côtés.

La sœur perd son frère,
La fille son père,

Le garçon sa mère
Qui perd son mari ;
Mais un galant passe,
S'avance avec grâce,
Et s'offre à la place
De l'époux chéri.

Plus loin des belles
Fort peu rebelles,
Par ribambelles
Errant à l'écart,
Ont doux visage,
Gentil corsage....
Mais je suis sage....
D'ailleurs il est tard.

Faute de pratique,
On ferme boutique.
Quel contraste unique
Bientôt m'est offert !
Ces places courues,
Ces bruyantes rues,
Muettes et nues,
Sont un noir désert.

Une figure
De triste augure

M'approche et jure
En me regardant....
  Un long *qui vive?*
  De loin m'arrive,
  Et je m'esquive
De peur d'accident.

Par longs intervalles,
Quelques lampes pâles,
Faibles, inégales,
M'éclairent encor....
Leur feu m'abandonne,
L'ombre m'environne;
Le vent seul résonne :
Silence!.... tout dort.

L'AN 1825.

Si j'ai bonne souvenance,
Mil huit cent vingt-cinq offrit
Ce qu' jamais n' verra la France
En vertus comme en esprit.

Tout le monde s'entendait,
Tout le monde s'entr'aidait ;
L' riche partageait son bien
Avec c'lui qui n'avait rien.

On n' voyait que bons ménages,
Qu'amis francs et généreux,
Tout's les femmes étaient sages
Et tous les maris heureux....

Jamais les méd'cins ne tuaient ;
Queuq'fois les commis saluaient :
Un fripon, pour un milliard,
N'eût été reçu null' part.

Jamais intrigu' ni cabale
Ne v'nait troubler un succès.
On n' connaissait ni scandale,
Ni banqu'route, ni procès.

La sottis' perdait ses pas ;
Les journaux ne mentaient pas ;
On avait, dans les bureaux,
Plus d' savoir qu'on n'était gros.

On n' voyait pas d' ces affiches
Fait's pour tromper l's honnêt's gens ;
On n'avait pas pour les riches
Plus d'égards qu' pour l's indigens.

D' l'argent on f'sait très peu d' cas ;
Les marchands, tous délicats,
N'auraient plutôt rien vendu
Que d' surfaire d'un écu.

On n' voyait dans les boutiques
Qu' meubles propres et décens ;
Point d' ces comptoirs magnifiques
Qu'ont plus d'or autour que d'dans.

Heureus's avec leurs mamans,
Les fill's n'avaient pas d'amans ;
Leur innocence formait
La seul' dot qu'on réclamait.

Un' robe simple et commode,
Un' fleur posée avec goût,
Avaient fait passer de mode
L' cachemire et l' marabout.

Bref, c'était un' loyauté,
Un' modestie, un' bonté,
Un' sympathie, un accord,
Qu'on aurait dit l'âge d'or.

Oui, si j'ai bonn' souvenance,
V'là bien trait pour trait c' qu'était
Mil huit cent vingt-cinq en France....
Ou c'est un rêv' que j'ai fait.

PIERRE ET PIERRETTE,

HISTORIETTE.

Air · Mon système est d'aimer le bon vin,
ou de la contredanse du Diable à quatre.

Tic et tic et tac, et tin, tin, tin,
　　Est l' refrain
De mon cœur et de mon verre;
Tic et tic et tac, et tin, tin tin,
　　Est l' refrain
　　Qui met Pierre
　　En train.

Du pays j'arrivais simple et sage,
Grâce aux bonn' leçons de ma mèr' grand;
Je v'nais faire mon apprentissage,
Mais Dieu sait c' qu'à Paris on apprend!....

Tic et tic et tac, et tin, tin, tin,
Est l' refrain
De mon cœur et de mon verre ;
Tic et tic et tac, et tin, tin, tin,
Est l' refrain
Qui met Pierre
En train.

J' voulais n'avoir jamais d'amourette,
Mais chez nous un jour Pierrette vint ;
J' voulais n' boire que d' l'eau, mais Pierrette
Était fille d'un marchand de vin.
Tic et tic et tac, et tin, tin, tin,
Est l' refrain
De mon cœur et de mon verre ;
Tic et tic et tac, et tin, tin, tin,
Est l' refrain
Qui met Pierre
En train.

L' jour où j' la vis était un dimanche ;
Elle avait un si joli maintien,
Des ch'veux si noirs, une peau si blanche,
Deux yeux, deux… qu' sais-je ? il n' lui manquait rien.
Tic et tic et tac, et tin, tin, tin,
Est l' refrain

De mon cœur et de mon verre ;
Tic et tic et tac, et tin, tin, tin,
    Est l' refrain
    Qui met Pierre
    En train.

Ma mèr', comm' c'était l'heure où l'on dine,
Du dîner l'invite à prend' sa part ;
Elle accepte, on m' la baill' pour voisine,
Mon cœur s' gonfle, et v'là l' bouchon qui part.
  Tic et tic et tac, et tin, tin, tin,
    Est l' refrain
  De mon cœur et de mon verre ;
Tic et tic et tac, et tin, tin, tin,
    Est l' refrain
    Qui met Pierre
    En train.

Drès l' premier coup que j'trinquons ensemble
(Ah mon Dieu ! qu' les amoureux sont sots !)
V'là ma main qui tremble, tremble, tremble,
Et mon verre qui s' brise en morceaux.
  Tic et tic et tac, et tin, tin, tin,
    Est l' refrain
  De mon cœur et de mon verre ;
Tic et tic et tac, et tin, tin, tin,

Est l' refrain
Qui met Pierre
En train.

« Voyez donc la jolie équipée!.... »
M' dit Pierrette, mais d'un air si doux...
« Ma pauv' jupe est-elle assez trempée?
« Ah! monsieur, si ce n'était pas vous!... »
Tic et tic et tac, et tin, tin, tin,
Est l' refrain
De mon cœur et de mon verre;
Tic et tic et tac, et tin, tin, tin,
Est l' refrain
Qui met Pierre
En train.

J' n'avions pas d' gob'lets en abondance,
Et Pierrette m' dit : « Buvez dans le mien ;
« J'n'ai pas peur que vous sachiez c' que j' pense,
« Car de vous je n' pense que du bien. »
Tic et tic et tac, et tin, tin, tin,
Est l' refrain
De mon cœur et de mon verre;
Tic et tic et tac, et tin, tin, tin,
Est l' refrain
Qui met Pierre
En train.

Après l' bœuf, les lentill' et l'omelette,
On s' lève, et ma belle m' dit en dessous :
« Tout' les fois qu' vous pass'rez d'vant Pierrette,
« Y aura toujours un p'tit coup pour vous. »
   Tic et tic et tac, et tin, tin, tin,
      Est l' refrain
    De mon cœur et de mon verre ;
   Tic et tic et tac, et tin, tin tin,
      Est l' refrain
      Qui met Pierre
       En train.

Le lend'main encor plus chaud qu' la veille,
J' cours chez elle, l' père était dehors,
Et Pierrette m' donne une bouteille
Dont le vin fait revenir les morts.
   Tic et tic et tac, et tin, tin, tin,
      Est l' refrain
    De mon cœur et de mon verre ;
   Tic et tic et tac, et tin, tin, tin,
      Est l' refrain
      Qui met Pierre
       En train.

J' la débouche, mais bientôt le père
Nous surprend comme j' nous caressions,

Moi, j' lui dis, pour arranger l'affaire.
« Excusez, monsieur, c'est que j' trinquions. »
Tic et tic et tac, et tin, tin, tin,
Est l' refrain
De mon cœur et de mon verre ;
Tic et tic et tac, et tin, tin, tin,
Est l' refrain
Qui met Pierre
En train.

« Vous avez trop bu, sortez de table, »
M' répond-il, en m' montrant les gross' dents.
— « Quand on trinque avec une fille aimable,
« Il est permis d' se mettre un peu d'dans. »
Tic et tic et tac, et tin, tin, tin,
Est l' refrain
De mon cœur et de mon verre ;
Tic et tic et tac, et tin, tin, tin,
Est l' refrain
Qui met Pierre
En train.

V'là-t-il pas qu'il veut m' mettre à la porte... ;
Mais bernique, avec ça qu' j'étais gris...
« J'ons payé ; pourquoi vouloir que j' sorte ?
— « Tu n'as pas payé tout c' que t'as pris. »

Tic et tic et tac, et tin, tin, tin,
        Est l' refrain
    De mon cœur et de mon verre ;
Tic et tic et tac, et tin, tin, tin,
        Est l' refrain
        Qui met Pierre
        En train.

A la fin pourtant j' gagnons au large,
Parc' qu'au fond c'était vrai qu' j'avions tort ;
Mais le soir, j' r'venons à la charge,
Et l' pèr' nous prend à trinquer encor.
    Tic et tic et tac, et tin, tin, tin,
        Est l' refrain
    De mon cœur et de mon verre ;
Tic et tic et tac, et tin, tin, tin,
        Est l' refrain
        Qui met Pierre
        En train.

Un coup d' poing m' jett' sur Pierrette à terre,
L' père sur moi tombe au mèm' moment ;
Maman passe, all' voit ça, tomb' sur l' père,
Et tout l' quartier tombe sur maman.
    Tic et tic et tac, et tin, tin, tin,
        Est l' refrain

De mon cœur et de mon verre ;
Tic et tic et tac, et tin, tin, tin,
Est l' refrain
Qui met Pierre
En train.

On s' bouscule, on s' cogne, on s'estropie ;
C'est un r'mue-ménage, un brouhaha !
Chaqu' homme est un lion, chaqu' femme une pie ;
L'un dit qu' j'ai fait ci, l'aut' qu' j'ai fait ça.
Tic et tic et tac, et tin, tin, tin,
Est l' refrain
De mon cœur et de mon verre ;
Tic et tic et tac, et tin, tin, tin,
Est l' refrain
Qui met Pierre
En train.

L' père, après ben des cris, ben des bosses,
M' dit, m' jetant mon objet dans mes bras :
« D'main j' prétends qu'on goûte l'vin d'tes noces ;
« Puisq' tu l'as tiré, tu le boiras. »
Tic et tic et tac, et tin, tin, tin,
Est l' refrain
De mon cœur et de mon verre ;
Tic et tic et tac, et tin, tin, tin,

Est l' refrain
Qui met Pierre
En train.

« N' faudra pas, morgué, deux fois nous l' dire, »
Que j' répliquons tous deux en sautant :
— « C' mari-là, moi, ça m' va comm' d' la cire.
— « C'te femm'-là, moi, ça m' va comm' un gant. »
Tic et tic et tac, et tin, tin, tin,
Est l' refrain
De mon cœur et de mon verre ;
Tic et tic et tac, et tin, tin, tin,
Est l' refrain
Qui met Pierre
En train.

J' saute au cou d' mon biau-père et d' ma mère,
J' saute au cou d' Pierrett', qui me l' rend bien ;
J' saute au cou d' tous les témoins d' l'affaire,
Et j' voudrais pouvoir m' sauter au mien.
Tic et tic et tac, et tin, tin, tin,
Est l' refrain
De mon cœur et de mon verre ;
Tic et tic et tac, et tin, tin, tin,
Est l' refrain
Qui met Pierre
En train.

Dès l' lend'main on pataraphe, on danse,
L' surlend'main j' faisons encor mieux qu' ça,
L' jour d'après c' qui s'est fait se r'commence,
Et jour et nuit depuis c' moment-là :
    Tic et tic et tac, et tin, tin, tin,
        Est l' refrain
      De mon cœur et de mon verre ;
    Tic et tic et tac, et tin, tin, tin,
        Est l' refrain
        Qui met Pierre
        En train.

RONDE

Air : Pour étourdir le chagrin.

Dans ce séjour sans rival
Tout attire,
Tout inspire ;
Rien au monde n'est égal
Au plaisir qu'on goûte au val.

Ce jour pour mes sens ravis
Est une si grande fête,
Qu'en passant à Saint-Denis
J'ai pensé perdre la tête.

Dans ce séjour sans rival
    Tout attire,
    Tout inspire;
Rien au monde n'est égal
Au plaisir qu'on goûte au val.

Le maître de ce logis
De nos plaisirs est esclave :
Il ouvre à tous ses amis
Son cœur, sa bourse et sa cave.
Dans ce séjour sans rival
    Tout attire,
    Tout inspire;
Rien au monde n'est égal
Au plaisir qu'on goûte au val.

Voyez la Grâce ou plutôt
La Muse qui nous préside :
Jamais, non, jamais *Renaud*
N'eut une si belle Armide.
Dans ce séjour sans rival
    Tout attire,
    Tout inspire;
Rien au monde n'est égal
Au plaisir qu'on goûte au val.

Le cœur est toujours content,
L'ivresse toujours parfaite,
Quand le maître est bienfaisant,
Et la maîtresse bien faite.
Dans ce séjour sans rival
  Tout attire,
  Tout inspire ;
Rien au monde n'est égal
Au plaisir qu'on goûte au val.

Contre les feux de l'été,
Ah ! quel rempart est le nôtre !
L'eau ruisselle d'un côté,
Et le vin jaillit de l'autre.
Dans ce séjour sans rival
  Tout attire,
  Tout inspire ;
Rien au monde n'est égal
Au plaisir qu'on goûte au val.

On voit que ce beau séjour
Fut habité par des moines ;
Car on y fait chaque jour
Une chère de chanoines.
Dans ce séjour sans rival
  Tout attire,

Tout inspire ;
Rien au monde n'est égal
Au plaisir qu'on goûte au val.

En vain de l'antiquité
L'œil parfois y voit les traces :
L'image de la beauté
Rajeunit les vieilles glaces.
Dans ce séjour sans rival
   Tout attire,
   Tout inspire ;
Rien au monde n'est égal
Au plaisir qu'on goûte au val.

L'amour saint de l'Éternel
S'y joint à l'amour profane,
Et l'ame s'élève au ciel,
Tandis que le cœur se damne.
Dans ce séjour sans rival
   Tout attire,
   Tout inspire ;
Rien au monde n'est égal
Au plaisir qu'on goûte au val.

Où furent le maître-autel
Et les chantres de la messe,

On voit le maître d'hôtel
Et les enfans du Permesse.
Dans ce séjour sans rival
     Tout attire,
     Tout inspire ;
Rien au monde n'est égal
Au plaisir qu'on goûte au val.

Au val si, comme autrefois ,
Chacun faisait sa prière ,
La mienne serait, je crois ,
D'y passer ma vie entière.
Dans ce séjour sans rival
     Tout attire ,
     Tout inspire ;
Rien au monde n'est égal
Au plaisir qu'on goûte au val.

LES PORTES SECRETES.

Craignant du flambeau de l'Amour
Pour son temple quelque étincelle,
L'Hymen l'en bannit un beau jour,
Et depuis ce tems on y gèle.
Mais par bonheur le malin Dieu,
Qui n'aime pas battre en retraite,
Pour y faire parfois du feu
Y garde une porte secrète.

Maint docteur maudit trop souvent
L'éclat des pompes funéraires,
Qui dénonce à chaque passant
Des erreurs... bien involontaires.
De leur art quel cas on ferait,
Si , son affaire une fois faite,

Le malade ne s'en allait
Que par une porte secrète !

Messieurs tels et tels, que l'on voit
A l'Institut avec surprise,
Messieurs tels et tels, que l'on croit
Admis aux honneurs par méprise,
Messieurs tels et tels, dont chez nous
La fortune fut sitôt faite,
Qui peut mieux connaître que vous
Le prix de la porte secrète ?

Partout la porte à deux battans
S'ouvre au pouvoir, à la fortune ;
Aux sots, ainsi qu'aux charlatans,
La porte bâtarde est commune.
Toutes les portes aux vainqueurs
S'ouvrent au son de la trompette ;
Et le bienfait chez le malheur
Entre par la porte secrète.

Grétry, Monsigny, Nicolo,
Dalayrac, Méhul, vrais orphées,
Dont le charme toujours nouveau
Le dispute à celui des fées,

Grâce à vos accords enchanteurs
Qu'à l'univers l'écho répète,
Pour vous le temple des neuf Sœurs
N'a pas eu de porte secrète.

COUPLETS

POUR LA FÊTE D'UNE MARIE.

On nous vante le paradis,
Mais, quelque plaisir qu'on y trouve,
Peut-il valoir, mes chers amis,
Celui qu'à Saint-Brice on éprouve?
Oui, de ce paradis charmant,
Moi, je me déclare l'apôtre :
Puisqu'on y peut entrer vivant,
Ne vaut-il pas bien mieux que l'autre?

Une Marie en est aussi
Et l'idole et la souveraine;
Mais par mille attraits celle-ci
Embellit son joyeux domaine.

Sa douce ivresse y met en train
Et séraphins et séraphines ;
Et de leurs chants le gai refrain
Y tient lieu des hymnes divines.

Son regard seul a la vertu
De soumettre les plus rebelles ;
Mais fallait-il qu'un seul élu
L'emportât sur tant de fidèles ?
Bienheureux est le nom de ceux
Qu'au paradis on daigne admettre ;
Or, si nous sommes bienheureux,
Jugez ce que l'époux doit être !

Cheveux bien noirs, minois bien blanc,
Regard bien doux, voix bien touchante,
Taille bien fine et cœur bien franc,
Voilà la belle que je chante.
Tant d'attraits feraient éprouver
Au plus sage un désir profâne :
Où donc aller pour se sauver,
Puisqu'au paradis on se damne ?

Belle Marie, ah ! gardez-vous
De monter vers votre patrone,
Car à l'envi chacun de nous
Vous suivrait au pied de son trône.

Mais le plaisir de voir les dieux
Jusqu'ici ne nous touche guère ;
Et nous nous croirons dans les cieux,
Tant que vous serez sur la terre.

LE SOLDAT.

Air nouveau de Plantade

Ah! l' bel état
   Qu' l'état soldat !
Battre, aimer, fumer et boire,
Voilà toute notre histoire...
Et, corbleu! c't'état-là vaut bien
Celui d' tant d' gens qui n' font rien. (*bis*.)

Entrons-nous vainqueurs dans un' ville,
L's autorités et l's habitans
Nous vienn't d'un' façon fort civile
Ouvrir les port's à deux battans.
C'est tout au plus s'ils sont contens;
   Mais c'est tout d' même.
   Faut qu'on nous aime,
   Rataplan;

Ou bien qu'on en fasse semblant.
Et puis, quand vient le clair de lune,
Chaqu' soldat choisit sa chacune,
En qualité de conquérant ;
        Et prend, rataplan,
        Et prend, rataplan,
    Le chemin du régiment.
            Ah! l' bel état
            Qu' l'état soldat !
Battre, aimer, fumer et boire,
Voilà toute notre histoire...
Et, corbleu! c't'état-là vaut bien
Celui d' tant d' gens qui n' font rien. (*bis.*)

Au bout d' queuq' tems, lorsqu'on maraude
Nous sommes las de fair' l'amour,
On va, l' sabre à la main, en fraude
Fair' la chasse à la basse-cour :
Il faut qu' chaque victime ait son tour;
            Poul's innocentes,
            Intéressantes !
        Sans retour,
Hélas! v'là vot' dernier jour :
Cot, cot, cot, cot, en sentinelle,
Cot, cot, cot, cot, on les appelle;
Ell's pass'nt la tête en caquetant,

Et v'lan en avant   (*bis.*)
A la broche du régiment.
   Ah! l' bel état
   Qu' l'état soldat!
Battre, aimer, fumer et boire,
Voilà toute notre histoire...
Et, corbleu! c't'état-là vaut bien
Celui d' tant d' gens qui n' font rien. (*bis.*)

Mais c'est quand nous quittons la ville
Qu'il faut voir l'effet des adieux...
Et toutes les femm's à la file
Se lamenter à qui mieux mieux.
C'est un' rivière que leurs yeux :
   « R'viens donc bien vite...
   — « Oui-da, ma petite. »
   Le plus souvent,
J'ai soupé pour le sentiment.
Et puis, à not' retour en France,
Chaqu' village, en goguette et danse,
Nous r'çoit cœur et tambour battant.
   Et plan rataplan   (*bis.*)
En l'honneur du régiment.
   Ah! l' bel état
   Qu' l'état soldat!

Battre, aimer, fumer et boire,
Voilà toute notre histoire...
Et, corbleu! c't'état-là vaut bien
Celui d' tant d' gens qui n' font rien. (*bis.*)

LE CAFÉ DES GOBE-MOUCHES,

ou

LE FAUX BOURDON.

CHANSONNETTE EN RÉPONSE AUX BRUITS QUI ONT COURU
DE LA MORT DES ÉPICURIENS DU CAVEAU MODERNE.

Air : Din, don, din, don.

Au café des *Gobe-Mouches*,
Hier je musardais un peu ;
Gens aveugles, borgnes, louches
Y prenaient un air de feu.
« Voilà, dit une ganache,
« La cloche de Saint-Eustache…
    — Din, don, din, don ! (*bis*.)
   — Entendez-vous le bourdon?
    — Din, don, din, don !

« En effet, dit un bon-homme.
« On a vu tendue en deuil
« Une maison qu'on renomme
« Dans le quartier Montorgueil. »
— Bon ! quel conte vous nous faites.
Monsieur, lui dis-je, vous êtes...
  — Din, don, din, don ! (*bis.*)
— « Entendez-vous le bourdon ! »
  — Din, don, din, don !

« Chose assez originale, »
Dit un vieil habit râpé ;
« C'est au Rocher de Cancale
« Que les Parques ont frappé. »
— Qui vous a fait cette histoire?
— C'est un homme qu'on peut croire...
  — Din, don, din, don! (*bis.*)
— Entendez-vous le bourdon?...
  — Din, don, din, don.

« Vingt enfans du Vaudeville
« Qui s'y rendaient chaque mois,
« Dans une guerre civile
« S'y sont tués à la fois. »
— Vous croyez cette nouvelle?
Voilà bien ce qu'on appelle...

Din, don, din, don ! (*bis.*)
— Entendez-vous le bourdon ?
— Din, don, din, don !

— « Je l'ai lu dans une feuille, »
Dit un autre roquentin,
« Et cette feuille recueille
« Chaque événement certain.
« D'ailleurs, quoique l'on en glose,
« Aucun journal n'en impose... »
— Din, don, din, don ! (*bis.*)
« Entendez-vous le bourdon ?
Din, don, din, don !

— « Mettez donc mieux vos bésicles,
Dis-je à ces vieux obstinés,
« Et ne croyez aux articles
« Que lorsqu'ils seront signés.
« Je veux bien qu'on soit bon-homme ;
« Mais ne le soyez pas comme...
— Din, don, din, don ! (*bis.*)
« Entendez-vous le bourdon ?
— Din, don, din, don !

— « Messieurs, les sons funéraires
« Qui frappent vos sens troublés,

« Proviennent du choc des verres
« Des défunts dont vous parlez.
« Tâchez donc de mieux entendre,
« Et surtout de ne plus prendre
　　« Din dons, din dons, (*bis.*)
« Des tin tin, pour des bourdons.
　　« Din dons, din dons! »

ENVOI A MM. NOS ABONNÉS.

Et vous qui daignez sourire
A nos passe-tems joyeux,
Sachez que loin qu'il expire,
Le Caveau se porte au mieux.
Que tous nous chantons encore ;
Que chacun de nous dévore
　　Din dons, din dons! (*bis.*)
Et nommez tous les bourdons
　　Din dons, din dons!

LE COMMIS INDÉPENDANT.

DIALOGUE ENTRE UN EMPLOYÉ AU MINISTÈRE
ET UN GARDE NATIONAL.

———

AIR : Tout le long de la rivière.

LE GARDE NATIONAL.

Bonjour... que dit-on de nouveau ?

L'EMPLOYÉ.

Rien.... je m'en vais à mon bureau.

LE GARDE NATIONAL.

Eh ! reviens-tu de ton système ?

L'EMPLOYÉ.

Non, il sera toujours le même...
L'indépendance est le seul bien...
Sans l'indépendance on n'a rien...

Mais au bureau permets que je me rende ;
Car il se fait tard, et l'heure me commande.

LE GARDE NATIONAL.

Un instant...

L'EMPLOYÉ.

Non, l'heure me commande.

LE GARDE NATIONAL *le retenant*.

L'indépendance sied très bien
A ceux qui n'ont besoin de rien...
Mais toi, mon cher...

L'EMPLOYÉ.

Est-ce ma faute,
Si j'eus toujours l'ame assez haute
Pour ne pas recevoir de loi
D'un être mortel comme moi ?...
Mais au bureau permets que je me rende ;
Je dépends d'un chef, et l'heure me commande...

LE GARDE NATIONAL.

Un instant...

L'EMPLOYÉ.

Non, l'heure me commande.

LE GARDE NATIONAL *le retenant.*

Soit, je te laisse, mais je veux
Te faire, avant, ouvrir les yeux.

L'EMPLOYÉ.

Mais j'y vois clair : l'homme est son maître,
Rien ne doit l'empêcher de l'être ;
S'il cède à quelque autorité,
Il renonce à sa dignité...
Mais au bureau permets que je me rende ;
Mon chef est sévère, et l'heure me commande.

LE GARDE NATIONAL.

Un instant...

L'EMPLOYÉ.

Non, l'heure me commande.

LE GARDE NATIONAL.

Songe donc, mon cher, que le Roi
Dépend lui-même de la loi.

L'EMPLOYÉ.

Il s'est imposé cette entrave,
Il est le maître d'être esclave.

LE GARDE NATIONAL.

Il doit l'exemple à ses sujets...

L'EMPLOYÉ.

Pas de sujets chez les Français...
Mais au bureau permets que je me rende ;
Je crains le ministre, et l'heure me commande.

LE GARDE NATIONAL.

Un instant...

L'EMPLOYÉ.

Non, l'heure me commande.

LE GARDE NATIONAL.

Pensant ainsi, mon pauvre ami,
Tu dois n'être heureux qu'à demi...
Car, ta place...

L'EMPLOYÉ.

En rien ne m'occupe.
Me crois-tu, mon cher, assez dupe
Pour m'être chargé d'un emploi
Qui m'enchaînerait ?... Non, ma foi.
Mais au bureau permets que je me rende ;
On me pointerait, et l'heure me commande.

LE GARDE NATIONAL.

Un instant...

L'EMPLOYÉ.

Non, l'heure me commande.

LE GARDE NATIONAL.

Ton domestique cependant
N'a qu'à se dire indépendant... ,
Tu vas le traiter d'imbécille.

L'EMPLOYÉ.

Oui, parce que l'être servile
Qui vit de la bourse d'autrui
Ne s'appartient plus, n'est plus lui...
Mais au bureau permets que je me rende,
Ce matin on paie, et l'heure me commande.

LE GARDE NATIONAL *le retenant.*

Un instant...

L'EMPLOYÉ.

Non, l'heure me commande.

Sans adieu, royaliste ardent !

LE GARDE NATIONAL.

Adieu, commis indépendant,
Qui ne veux pas d'un roi pour maître,
Et qui consens à te soumettre
Aux ordres d'un chef de bureau...
Moi, qui suis de garde au château,
Je vole, esclave, où l'honneur me demande :
Toi, va-t'en, plus libre, où l'heure te commande,
Va, plus libre, où l'heure te commande.

CHANSONS

Faites en Société.

L'OISIF SANS SOUCI.

Dété
Par la beauté,
Choyé, traité
Par la Gaîté,
Mon lot sur terre
Est de ne rien faire.

Et tant
Que bien portant,
L'esprit content,
J'irai chantant,
Mon vœu sincère
Est d'en faire autant.

Pas de place, avantage énorme !
Je ne crains travail ni réforme,
Ni fauteuil où l'ennui m'endorme,
Ni flatteurs,
Ni solliciteurs ;
Pas de chef qui me réprimande,
Jamais d'heure qui me commande,
Excepté celle où me demande
Vieux flacon
Ou jeune tendron.

Enfin,
Vrai boute-en-train,
Soir et matin,
Pas un festin
D'homme ou de femme
Qui ne me réclame.
Aussi
Je dis que si

Jamais souci
N'a jusqu'ici
Troublé mon ame,
C'est que, Dieu merci,
Fêté
Par la beauté,
Choyé, traité
Par la Gaîté,
Mon lot sur terre
Est de ne rien faire ;
Et tant
Que bien portant,
L'esprit content,
J'irai chantant,
Mon vœu sincère
Est d'en faire autant.

LE JEUNE HOMME A LA MODE[1].

Air : Tivoli que partout l'on vante.

Qu'un jeune homme ait de la souplesse,
Qu'il minaude avec gentillesse,
Qu'à la grâce il joigne l'adresse,
    Il sait tout,
    C'est le dieu du goût.

Sémillant auprès des belles,
    Qu'il suive, comme elles,
    Les modes nouvelles,
    Et, nouveau Zéphir,
    Par des pirouettes
    Adroitement faites
    Qu'il sache éblouir.

[1] Cette chanson et la suivante ont été faites en société avec
M. Servières.

Qu'un jeune homme ait de la souplesse,
Qu'il minaude avec gentillesse,
Qu'à la grâce il joigne l'adresse,
        Il sait tout,
        C'est le dieu du goût.

Fredonnant une romance,
        Qu'il vole en cadence
        D'Hortense à Laurence,
        Toujours désiré,
        Qu'il presse ou lutine,
        Soupire ou badine,
        Il est adoré.
Qu'un jeune homme ait de la souplesse,
Qu'il minaude avec gentillesse,
Qu'à la grâce il joigne l'adresse,
        Il sait tout,
        C'est le dieu du goût.

LE RETOUR DU PRINTEMS.

Doux printems
Qui nous rends
Le feuillage,
Heureux temps,
Saison du bel âge,
Avec toi renaissent au village
Les beaux jours,
La joie et les amours.

La nature
En ce moment
Reprend
Sa brillante parure ;
La verdure
Offre à l'amant

Un trône toujours renaissant.
Chaque fleur
De son odeur
Vient embaumer l'air qui s'épure.
Le ruisseau
De son murmure
Embellit un joli berceau.
Doux printems
Qui nous rends
Le feuillage,
Heureux tems,
Saison du bel âge,
Avec toi renaissent au village
Les beaux jours,
La joie et les amours.

Le vieillard
D'un air gaillard
Sort le matin de sa chaumière ;
Et de sa petite terre,
En fredonnant
Gaîment,
Parcourt
Le tour.
Il vide avec son voisin
D'un bon vin

Sa vieille
Bouteille,
Et couché sur le gazon
Rajeunit avec la saison.
Doux printems
Qui nous rends
Le feuillage,
Heureux tems,
Saison du bel âge,
Avec toi renaissent au village
Les beaux jours,
La joie et les amours.

TOUT LE MONDE EST ATTRAPÉ [1].

Air de la ronde de Rabelais.

COMBIEN de piéges s'entr'ouvrent
A chaque heure sous nos pas !
Mais souvent des fleurs les couvrent
Et nous ne les voyons pas.
    Tôt ou tard ici bas
        Quelque trappe
        Nous attrape,
    Et jusqu'au plus huppé,
Tout le monde est attrapé.

Un charlatan sans scrupule
Ose inviter aujourd'hui
Plus d'un malade crédule
A réclamer son appui :

[1] Cette chanson et la suivante ont été faites en société avec M. Francis.

Sitôt qu'on est chez lui,
L'esculape
Ouvre une trappe,
Et, trop tard détrompé,
Le malade est attrapé.

D'une fillette précoce
Un barbon reçoit la main ;
On précipite la noce ;
L'époux préside au festin.
Il rit jusqu'à la fin
Sans que la trappe
Le frappe ;
Mais lorsqu'il a soupé,
Ah ! comme il est attrapé !

COLIFICHET.

Il existe un esprit follet
Qui de Paris tourne les têtes ;
Il dirige tout en secret,
Désirs, amours, modes et fêtes ;
Et quel est ce petit furet ?
     Colifichet !   (*bis.*)

Sexe léger, que voyons-nous
Dans vos boudoirs, sur vos toilettes,
A votre tête, à vos genoux,
Dans vos regards, sur vos tablettes,
Et jusque dans votre corset ?
     Colifichet !   (*bis.*)

Fortunes faites en un jour,
Espoir d'un heureux hyménée,

Louange et promesse de cour,
Dîner d'amis, vers d'Athénée,
Beauté sans fleur, vin sans bouquet,
Colifichet !   (*bis.*)

OR ET BIJOUX

NE VALENT PAS QUINZE ANS [1].

Air nouveau de M. Doche.

Jeunes beautés, vous à qui la nature
A prodigué mille attraits séduisans,
Pourquoi du fard d'une vaine imposture
Vouloir flétrir ses plus riches présens ?
Or et bijoux ne valent pas quinze ans.

Que l'éclat seul des fleurs fraîches écloses
Prête son charme à vos appas naissans ·
Ne voit-on pas que les lis et les roses
Sont la parure et l'honneur du printems ?
Or et bijoux ne valent pas quinze ans.

[1] Cette chanson et les cinq suivantes ont été faites en société avec M. Gentil.

Quand de vos-traits la fraîcheur passagère
S'envolera sur les ailes du tems,
A la toilette empruntez l'art de plaire;
Mais jusque-là, fuyez ses faux brillans :
Or et bijoux ne valent pas quinze ans.

LES CANCANS POPULAIRES.

Air : Sortez à l'instant.

Le perruquier du quartier
Médit du cabaretier,
Qui médit du fruitier,
Qui médit du charcutier,
Qui médit du papetier,
Qui médit du ferblantier,
Qui médit du bottier,
Qui médit du cafetier.
La vieille mercière
Dit que le libraire
Fut jadis à Châlons
Marchand d'habits, vieux galons ;
Et notre portière
Dit que la laitière
Vend son lait bien plus cher
Au vieil huissier qu'à son clerc.

Le chapelier dit tout bas
Que du cordonnier Thomas,
  A Marbeuf, la moitié
Trouva chaussure à son pié.
Et la femme au cordonnier
Dit tout haut qu'au chapelier
  Un sous-chef de bureau
Donne un fort vilain chapeau.
En ricanant, la lingère
Dit que son propriétaire
Refuse à sa ménagère
  Schall, robe et souliers.
Vous saurez de l'herboriste
Que la femme du dentiste
    Mange volontiers
    A deux rateliers.
Enfin, de chaque quartier
Cancanner est le métier :
  Chefs, commis, fabricans,
Ne vivent que de cancans.
On cancanne en déjeûnant,
On recancanne en dînant,
  C'est cancan sur cancan,
Qui finiront, Dieu sait quand !

LE CHASSEUR.

Air de la Chasse du Roi et le Fermier.

Pour nous
Ah ! qu'il est doux
De chasser le cerf aux abois
Du bois !
Quand j'ai
Gaîment chargé
L'arme qui rendra mon butin
Certain,
On suit
Mes pas sans bruit,
Puis voit-on gibier et plaisir
S'offrir,
Le coup de toute part
Part,
Et chacun en veut sa part.

Les cors
Par leurs accords
Redoublent soudain du chasseur
L'ardeur ;
Lancé,
Chassé,
Pressé,
En vain le sanglier qu'il suit
Le fuit ;
Frappé,
Enveloppé,
Le monstre perd en rugissant
Son sang :
Un cri de toute part
Part,
Et chacun en prend sa part.

Vainqueur,
La joie au cœur,
On rentre au château, fier de ses
Succès ;
L'Amour
Donne au retour
Du gibier que chacun a pris
Le prix.
Repas

Rempli d'appas
Vient des chasseurs calmer enfin
La faim;
Le vin de toute part
Part,
Et chacun en boit sa part.

FAUT-IL PLEURER,

OU FAUT-IL RIRE?

Air du vaudeville de Vadé à la Grenouillère.

Damis va perdre un vieux parent,
Damis au désespoir se livre :
Ce coup, dit-il, est déchirant,
Jamais je n'y pourrai survivre ; (*bis*.)
Mais il apprend qu'au testament
Le cher homme eut soin de l'inscrire ;
Et, troublé par le sentiment,
Il ne sait plus dans le moment
S'il doit pleurer, ou s'il doit rire.

Paul a sur parole accepté,
Après mille sottises faites,
La main d'une antique beauté
Qui consent à payer ses dettes ; (*bis*.)

Bientôt il reçoit son portrait
Avec la somme qu'il désire ;
Et, tenant le double paquet,
Dit, entre l'argent et l'objet :
Faut-il pleurer, ou faut-il rire ?

« Prenez, me dit monsieur Dunoir,
« Ce billet pour mon mélodrame ;
« C'est un chef-d'œuvre qu'il faut voir,
« Car il vous déchirera l'ame. » (*bis*.)
J'y vole, mais au lieu du cœur,
C'est l'oreille qu'on me déchire ;
Quels cris de joie et de douleur !
On danse, on tue, on chante, on meurt :
Faut-il pleurer, ou faut-il rire ?

D'Agnès, tout près d'être l'époux,
Jeannot d'ivresse perd la tête :
Regard timide, air simple et doux,
De son cœur ont fait la conquête. (*bis*.)
L'heure de la noce a sonné,
Puis enfin l'heure qu'il désire...
Mais bientôt Jeannot étonné
Se dit à moitié consterné :
Faut-il pleurer, ou faut-il rire ?

VOYAGE D'UN BUVEUR.

Air : Suzon sortait de son village.

En un quart d'heure, avec mon guide,
Que j'ai parcouru de climats !
Par une descente rapide
D'abord j'arrive aux Pays-Bas :
    Là, je m'avance
    En diligence
    Vers Mâcon, Nuits,
  Volnais, Beaune, Chablis ;
    Puis j'en débouche,
    Et, crac, je touche
    A Frontignan,
  Bordeaux et Perpignan.
Bientôt je me trouve en Espagne,
Entre Alicante et Malaga ;
Je double Madère, et de là
  Je remonte en Champagne. (ter.)

QUAND C'EST PARTI,

ÇA NE R'VIENT PLUS.

Air de M. Plantade.

Lise était à la fleur de l'âge,
Et, fière d' ses appas naissans,
S' moquait des vieilles du village
Qui pestaient d' n'avoir plus quinze ans.
Pour les ravoir, leur disait Lise,
Vous donneriez tous vos écus;
Mais, croyez-moi, ça s'rait sottise,
Quand c'est parti, ça ne r'vient plus.

Mais à force d' railler les autres,
La pauvre Lise un jour tomba
Sous la main d'un d'ces bons apôtres
Qui vous tromp'nt et vous plantent là.

Et les vieilles, pour s' venger d'elle,
Lui dir'nt : « Prends ton parti là-d'ssus :
« L's amans, c'est comm' les ans, la belle,
« Quand c'est parti, ça n' revient plus. »

Après c'tte aventure cruelle
Lise perdit l' repos du cœur ;
C'était à qui s'éloign'rait d'elle ;
Ell' devint laide à faire peur ;
Et tout chacun, riant d' sa détresse,
Lui disait : « Regrets superflus !
« Beauté, bonheur, amour, sagesse,
« Quand c'est parti, ça n' revient plus.

LE ROCHER DE CANCALE [1].

INACCESSIBLE à tout buveur d'eau claire,
Ce roc toujours fut l'écueil du chagrin ;
Jamais ses flancs, qui bravent le tonnerre,
Ne sont battus que par des flots de vin ;
Et si le ciel noyait encor le monde
Pour en bannir les sots et les méchans,
Seul préservé, ce roc serait sur l'onde
Une arche ouverte à tous les bons vivans.

[1] Ce couplet et les trois chansons qui le suivent ont été déjà publiés sous le nom de *Désaugiers et ses amis*.

LE VINGT DU MOIS

AU ROCHER DE CANCALE.

Air : Lison dormait dans un bocage.

Le vingt du mois, chaque convive
Accourt avec un peu d'esprit,
Amitié franche, gaîté vive,
Et surtout beaucoup d'appétit;
Là, dans cette joyeuse lice,
Dont Epicure est le soutien,
 On ne dit rien,
 On ne dit rien,
(Tout le temps du premier service),
 On ne dit rien,
 On ne dit rien;
Mais, en revanche, on mange bien.

Le dessert vient, l'esprit y brille ;
Il s'élance avec le bouchon ;
Puis le Champagne qui pétille
Est le signal de la chanson :
Point de jaloux, jamais de guerre ;
Point d'amertume, point d'humeur,
    Point de rigueur,
    Point de censeur ;
Et, lorsque la chanson sait plaire,
    Soudain en chœur,
    Et de bon cœur,
Chacun applaudit, quoique auteur.

L'EPICURIEN.

Toujours debout, toujours en route,
Malgré les veilles et la goutte,
Sur terre on voit l'épicurien,
Joignant à la soif de la gloire
L'autre soif qui le porte à boire,
Galant homme et joyeux vaurien,
Vivre long-tems et vivre bien :
Pour en citer plus d'un exemple,
Voyez l'Anacréon du temple
A cent ans saisir à tâtons
Les fillettes et les flacons ;
De Théos on a vu le sage,
Qui gaîment eût passé cet âge
S'il n'avait d'un grain de raisin
Avalé jusques au pepin ;

J'ai vu le galant Fontenelle,
A cent ans pressant une belle,
Lui dire encore sans témoins :
Ah! si j'avais dix ans de moins!....
Grâces à l'amour, Saint-Aulaire
Fut heureux quoique centenaire ;
Presqu'à la centaine atteignant,
On a vu chanter Latteignant,
Et Piron qui dans sa vieillesse
Fit des vers brûlans de jeunesse.
Chargé d'un siècle, au double-mont
J'ai vu gravir Saint-Évremont ;
Et, parmi tant de bonnes ames,
Si j'ose vous parler des femmes,
A cent ans on a vu Ninon
Qui n'avait pas encor dit non.
Après elle le grand Voltaire
Quatre-vingt-cinq ans sur la terre
Chemin faisant s'est arrêté,
Allant à l'immortalité...
Tous ces gens, que le monde honore,
Pouvaient aller plus loin encore ;
Ils en avaient l'intention,
Et sont morts par distraction.

LAUJON

AUX CHAMPS-ÉLISÉES.

Air des Habitans des Landes.

LATTEIGNANT.

Joyeux amis de la guinguette,
Qui d'ennui jamais ne ronflons,
    Flon, flon, flon, flon ;
Surtout lorsqu'en pleine goguette,
De bon vin vieux nous nous gonflons,
    Flon, etc.

En dépit de l'humeur sévère
Des pédans que nous persiflons,
    Flon, etc.

Célébrons l'ami qu'à la terre
En cet heureux jour nous soufflons,
    Flon, etc.

Et chantons tous, armés du verre,
Son cœur, sa grâce et ses flonflons,
    Flon, flon, flon, flon.

Mᵐᵉ FAVART.

Du joyeux hochet de l'enfance
Nous aimons d'abord le toc-toc,
    Toc, toc, toc, toc.
Puis, aux jours de l'adolescence,
Le cœur à son tour fait toc-toc,
    Toc, etc.
Plus tard l'amitié nous rallie
Au son du bachique toc-toc;
    Toc, etc.
Heureux qui, lorsque de sa vie
La dernière heure fait toc-toc,
    Toc, etc.
Sous les grelots de la Folie
S'endort au bruit de leur toc-toc,
    Toc, toc, toc, toc.

PIRON.

Quand chez moi vint sonner la Parque,
Je répondis, d'un air grognon :
    Non, non, non, non;
Et mettant le pied dans la barque,
Je répétai du même ton :
    Non, etc.

Mais enfin, forcé de la suivre,
Je dis, en saluant Pluton :
    Non, etc.
Au chagrin plus d'un mort se livre,
Ce n'est pas ce que fait Piron,
    Non, etc.
Mais veut-on le faire revivre?
Il n'est pas homme à dire non,
    Non, non, non, non.

Mme BELLECOUR.

Aux gais accens de la Folie
Le cœur toujours épanoui,
    Oui, oui, oui, oui.
Bellecour, long-tems de Thalie,
Porta le masque réjoui,
    Oui, etc.
Grâce à Molière, sur la scène,
De quelque gloire elle a joui,
    Oui, etc.
Mais quoiqu'ici Pluton la tienne
Par un phénomène inoui,
    Oui, etc.
Bellecour renaît dans Devienne,
Et tout Paris peut dire oui,
    Oui, oui, oui, oui.

LAUJON.

Me moquant des maux de la vie
Tout comme de Colin-Tampon,
Pon, pon, pon, pon,
J'aimai toujours à la Folie
Un long dîner, un court jupon,
Pon, etc.
Ami de la simple grisette,
Ami de la dame à pompons,
Pon, etc.,
J'envoyais procès, étiquette,
Et chagrin par delà les ponts,
Pon, etc.,
Et devant Champagne ou piquette,
J'ai toujours dit : « Amis, pompons, »
Pon, pon, pon, pon.

VADÉ.

Si je remontais sur la terre,
Je redirais à la Raison :
Zon, zon, zon, zon ;
Et je voudrais d' la Guernouillère
Reprendre encore l' diapason,
Zon, etc.

Auprès de gentille fillette
Brûlant toujours comme un tison,
    Zon, etc.,
J' verrais les plaisirs que j' regrette
Renaître avec moi sur l' gazon,
    Zon, etc.,
Prêt à remourir en goguette
Entre mon verre et ma Suzon,
    Zon, zon, zon, zon.

FAVART.

Du tambour, dès notre naissance
Le son flatte notre tympan,
    Pan, pan, pan, pan;
Qu'un tambour anime la danse,
L'ivresse partout se répand,
    Pan, etc.
C'est le tambour qui, dans la plaine,
Poursuit l'ennemi décampant,
    Pan, etc.
C'est tambour battant que nous mène
Le destin de qui tout dépend,
    Pan, etc.;
Et quelque sort qui nous entraîne,

Le tambour va toujours frappant,
Pan, pan, pan, pan.

VOISENON.

Nargue du Castillan bizarre
Qui tous les soirs, pour un tendron,
Fron, fron, fron, fron,
Pince mandoline et guitare,
Auxquelles l'écho seul répond !
Fron, etc.
Vive le Français qui, pour plaire,
N'entonne qu'un refrain luron !
Fron, etc.
Au champ de Mars, comme à Cythère,
Il sait qu'il faut avoir du front,
Fron, etc.
Exploits d'amour, exploits de guerre,
Il en fait trente et tous de front,
Fron, fron, fron, fron.

LANDELLE.

Joyeux convive pour Landelle
Est le plus gai réveil-matin,
Tin, tin, tin, tin ;

Surtout quand il voit qu'on l'appelle
Pour un minois frais et lutin,
      Tin, etc.
Grand partisan de la goguette,
Grand ami de son argentin,
      Tin, etc.,
Il se rira de la sonnette
Que pour lui tinta le destin,
      Tin, etc.,
Tant que ne sera pas muette
Celle qui dit : « Vite au festin. »
      Tin, tin, tin, tin.

MLLE ARNOULT, *au public*.

Nous disons, lorsqu'à la satire
Par bonheur nous nous dérobons :
      Bon, bon, bon, bon ;
Mais nous nous gardons bien de dire,
Lorsque par malheur nous tombons :
      Bon, etc.
Quand nous chantons l'ami fidèle
Qui fut toujours, quoique barbon,
      Bon, etc. ;
Qui pour sa muse et pour sa belle

Jusqu'à son dernier jour tint bon,
     Bon, etc.;
Ah! ne voyez que notre zèle,
Et vous direz : « L'ouvrage est bon, »
     Bon, bon, bon, bon.

FIN DU TOME TROISIÈME.